Robert de La Sizeranne

L'Art religieux et les Salons de 1920

Critique

ISBN : 978-1981571925

10 9 8 7 6 5 4 3 2 1

Robert de La Sizeranne

L'Art religieux et les Salons de 1920

Critique

Table de Matières

Introduction

Il renaît ou, du moins, il a la prétention de renaître. On a même ouvert, au *Salon*, de la *Société nationale*, avenue d'Antin, une section dite « de l'Art religieux. »

Voilà une nouveauté. Ce qui distinguait le plus nettement jusqu'ici un Salon d'un musée, surtout d'un des musées fameux qu'on visite en Italie, c'est que, dans l'un, on voyait à chaque pas des tableaux de piété et, dans l'autre, on n'en voyait point. C'est là, certainement, en dehors de toute considération esthétique, le trait qui frappait le plus la foule. Cette année, il est un peu moins accentué. Il y a, au *Salon*, des tableaux de piété : des anges aux ailes tricolores soulèvent les morts de la bataille de la Marne pour les offrir à Dieu, des Christs portent leur croix au-dessus des tranchées pour montrer aux héros comment on meurt, des Sacrés-Cœurs de pourpre et d'or apparaissent sanglants et pantelants parmi les éclatements des obus ou les fumées des gaz asphyxiants. La plupart de ces images du sacrifice sont destinées aux églises à reconstruire dans les pays dévastés. Tout de suite, le phénomène s'explique. On avait cessé de présenter aux yeux des visions surnaturelles, parce qu'on n'y pensait plus, d'abord, et ensuite parce qu'on n'aurait su où les mettre, une fois réalisées. La guerre a rajeuni le thème et a fourni l'emploi. En remuant les âmes jusqu'en leur tréfonds, elle a mis à nu ce qui pouvait y demeurer d'espoirs secrets et de désirs d'une clarté d'outre-tombe. Puis, le besoin de quelque appui mystique pour franchir le dur passage, au moment où manquent tous les autres, a oubliés ou même inconnus. Il est donc naturel qu'on cherche à satisfaire ces sentiments et à ranimer ces symboles. En même temps, leurs anciennes images avaient péri dans les sanctuaires écroulés par centaines. Il fallait, dans les églises nouvelles, appeler de nouvelles visions des sujets sacrés : des chemins de croix, des Notre-Dame, et aussi, peut-être, des ex-voto ou des commémorations de la guerre.

Voilà les circonstances les plus favorables, semble-t-il, à une renaissance de l'Art religieux. Ce sont celles-là mêmes qui servent aux historiens à expliquer, dans le passé, l'éclosion des chefs-d'œuvre. Si cette loi historique est juste, nous l'allons vérifier. Un élan qui précipite les fidèles dans les églises, une mortelle épreuve, un vœu unanime, la Délivrance, un appel aux artistes pour qu'ils en fixent le souvenir : — cela doit suffire pour enfanter de puissantes émotions esthétiques et religieuses, s'il est vrai que l'Art soit fonction de la vie. Et cela suffit, en effet, pour qu'on l'essaie. Mais cela suffit-il pour qu'on y réussisse ? N'y faudrait-il pas encore des conditions spécifiques de formes et de couleurs et comme une atmosphère esthétique favorable aux symboles, où les âmes contemporaines puissent se mouvoir et respirer à leur aise ? Précisons : le sentiment religieux gagne-t-il, de nos jours, à quitter le domaine des idées, pour entrer dans celui de la figuration ? Et l'Art gagne-t-il à quitter le terrain des réalités qu'il découvre chaque jour dans l'infini mystère et la diversité infinie de la Nature, pour se remettre à tourner dans le cercle très arbitraire et très limité, — au point de vue esthétique, s'entend, — des conceptions surnaturelles ? Les exemples que nous offrent les *Salons*, cette année, répondent. Chacun de nous, en les voyant, jugera s'ils sont l'indice d'une sève intérieure nouvelle montant à des branches de l'Art qu'on croyait desséchées, ou simplement d'un souffle passager, venant du dehors, et qui ne saurait pas plus les revivifier que les plus chauds vents d'automne ne peuvent ranimer les feuilles mourantes…

Section I

Tout d'abord, et pour ne pas être injuste envers nos artistes actuels, il faut se pénétrer de cette vérité : il y a peu de sujets ramené le cœur de bien des jeunes hommes vers des dévotions et des symboles d'art religieux. J'entends qu'il y en a peu de bons et que, sur ce point, nous sommes plus difficiles qu'autrefois. Cette pénurie n'apparaît pas dans le passé, à première vue, parce que les tableaux qualifiés « de piété » dans les musées ou les sculptures, dans les cathédrales, sont innombrables. Mais si l'on y regarde de près, ce sont des répliques ou des variations, à l'infini, de quelques thèmes toujours les mêmes. Et ces thèmes, à mesure que s'écoulent les siècles, vont se raréfiant. Combien de générations d'artistes ont passé, depuis que furent figurés, pour la dernière fois, le *Christ au pressoir* ou le *Christ aux Limbes* ou la *Pesée des Ames*, ou tout simplement le *Jugement dernier* ! Une à une, les histoires de la Bible ont été abandonnées, les unes parce que leur sens mystique était trop profond, les autres, au contraire, parce qu'elles n'en contenaient point assez. Judith coupant la tête d'Holopherne, l'Enfant prodigue dilapidant, parmi de faciles conquêtes, les deniers paternels, ou les envoyés du peuple élu charriant les raisins monstrueux de Chanaan, ne sont point des sujets de haute édification. Ce sont des scènes de genre ou de tragédie, auxquelles on a donné des titres bibliques, — voilà tout. Aujourd'hui, les mêmes tableaux, au *Salon*, seraient intitulés *Une vengeance au harem, Il faut que jeunesse se passe* ou *les Vendanges* et n'en seraient ni plus ni moins salutaires aux âmes. Au lieu d'une « section d'art religieux, » si l'on avait fait des expositions au XVe siècle, c'est une « section d'art profane » qu'on aurait mise à part, — et elle aurait été toute petite. Mais il ne s'ensuit pas que tout fût religieux dans les sujets prétendus tels autrefois, ni que rien ne le soit dans les sujets avoués profanes aujourd'hui.

En fait, les thèmes qui ont fourni, aux anciens, quelque matière à une forte expression esthétique, tout en émouvant profondément les âmes chrétiennes, sont très peu nombreux : *la Nativité, la Sainte Famille, la Passion* et quelques martyres, — et, par exception seulement, *le Jugement dernier*. Les seules figures surnaturelles qui aient jamais pu ravir les cœurs simples, sans mettre en déroute l'émotion esthétique, sont les anges, le seul phénomène miraculeux, les auréoles. Toute l'ingéniosité des plus grands artistes n'a pu accroître ce petit patrimoine de mysticité. Rien d'étonnant si nos contemporains y ajoutent peu de chose.

D'ailleurs, nous sommes devenus plus exigeants, là-dessus, que nos pères. Si les *Vierges* de Raphaël apparaissaient chez nous, pour la première fois, on leur reprocherait de n'avoir rien de mystique, et si c'étaient les *Passions* des Primitifs, leurs anachronismes feraient sourire. Un de ces beaux saints Sébastiens, à peine effleurés par les flèches, où l'homme de la Renaissance s'est complu comme au miroir de ses perfections plastiques, — qu'en dirions-nous, s'il était moderne ? Que ce n'est point une image qui incline à la piété et nul chapitre n'en voudrait pour sa cathédrale. Pas davantage, nous ne reconnaîtrions une Madone dans la mère que Rubens nous montre recevant les Rois Mages, mais seulement une Reine régente, agréant pour son fils les hommages de ses sujets. Quant à la figure du Christ, que Léonard de Vinci déclarait ne pouvoir peindre sans trembler, quels traits lui donner qui ne déchaînent aucune critique ? Tout caractère un peu accentué souligne un penchant particulier de la nature humaine, et tout penchant particulier de la nature humaine diminue la perfection divine. Alors, on efface, un à un, chacun des traits particuliers, et l'on arrive à ce type impersonnel de beauté froide et morne où l'école d'Overbeck a cru réaliser la norme de la divinité, — celle qui remplit nos images pieuses.

Mais alors, la critique moderne proteste encore et se refuse à voir sous ce masque doucereux et inexpressif, l'âme héroïque et ardente qui sauva les hommes par la parole, par l'action et par le martyre. Ce martyre même est devenu impossible à figurer sans soulever des protestations. On se rappelle peut-être encore celles qui accueillirent, jadis, le *Christ* de M. Bonnat : c'était, disait-on, une étude anatomique, un cadavre, non un Dieu expirant. Mais tout aussi violentes seraient les critiques, si un artiste s'avisait de nous montrer, chez un mourant torturé par le supplice du brisement des muscles, la rupture des os et la soif, une expression de béatitude et de douceur manifestement inaccessible à la physionomie humaine, dans un tel moment. On ne veut voir, sur la croix, ni le calme du Dieu grec, ni les affres du supplice. L'artiste ne raisonne pas toujours, ni ne met en équation, ces difficultés de sa tâche, mais il les sent confusément. C'est pourquoi il a pris le parti de ne plus rien faire.

Même achoppement, s'il s'agit des scènes familières de l'Évangile. L'Evangile est-il de l'histoire et n'est-il que de l'histoire ? Il en est certainement et nous ne pouvons plus supporter de violents anachronismes. La prétention qu'eurent certains peintres, il y a quelque trente ans, de les dérouler au milieu de nos faubourgs et sous des costumes modernes a pu, un instant, piquer l'attention, elle n'a pas conquis les âmes. Et, au contraire, l'énorme succès des « restitutions » historiques et ethnographiques de James Tissot, depuis, a démontré que la foule des pieuses gens était dévorée d'une curiosité avide touchant les paysages, les figures, les costumes, les mœurs de ce coin d'Orient où a été prêchée la Bonne Nouvelle. Mais tout le tourisme, la défroque et le bric-à-brac de la couleur locale ne suffisent pas à révéler, — et ils y seraient peut-être même, parfois, un encombrement et un obstacle, — que cette Bonne Nouvelle a été prêchée pour tous les hommes, sous toutes les latitudes, et à travers tous les temps. Dès qu'on la situe trop exactement dans l'un d'eux, on fait tort aux autres. C'est une scène de genre orientale, ce n'est pas une page de l'Evangile. Le type sémite trop accentué chez la Vierge et chez le Christ choque nettement les fidèles. Il en a choqué quelques-uns, quoique très atténué, dans la célèbre *Vierge* d'Hébert. Puis, il faut tenir compte de la tradition. Depuis des siècles, les Notre-Dame de nos cathédrales et les Madones de nos musées ont déposé à notre insu, dans nos imaginations, les éléments d'un type dont on ne peut s'écarter en créant une nouvelle figure de la Vierge, sans qu'on dise : « Ce n'est pas elle ! » Quoique différentes les unes des autres, ces milliers de figures consacrées ont certains traits communs qui se superposent, dans notre mémoire visuelle, tandis que les autres traits, les traits différentiels, se brouillent mutuellement et s'effacent, — comme il arrive quand on obtient en photographie le « type de famille. » Il n'est pas possible de n'en pas tenir compte, quand on veut évoquer, à première vue, tout l'invisible cortège de sentiments, d'espoir, de vœux et de prières qui font d'une figure humaine, une incarnation de la sainteté ou de la divinité. Ainsi, grâce aux exigences de l'esprit critique, il est déjà difficile au peintre contemporain de faire un tableau d'histoire. Qu'est-ce donc, si à la difficulté inhérente à tout tableau d'histoire s'ajoutent des scrupules d'ordre religieux !

Section II

Tous ces problèmes tiennent à la nature même du sujet et aux conditions intrinsèques de l'art. Ils ne disparaissent donc point, tout d'un coup, parce que l'épreuve de la guerre aura précipité des foules au pied des autels, ni parce que les fidèles désirent voir de nouveaux tableaux de piété dans les églises dévastées. La guerre, en cela comme en d'autres domaines, n'a résolu aucune difficulté : elle les a plutôt aggravées toutes. L'artiste qui n'osait pas aborder les sujets religieux avant la grande catastrophe de 1914, parce qu'il ne savait comment concilier des aspirations contraires de l'esprit contemporain, ne se sent pas mieux à l'aise, s'il lui faut encore y ajouter les suggestions de l'esprit guerrier. Car rien n'est moins guerrier que l'Evangile. C'est si vrai qu'il a fallu aux orateurs de la chaire, quand toutes les volontés devaient être tendues vers la lutte et la victoire, remonter à l'Ancien Testament pour y trouver des textes appropriés. Mais l'Ancien Testament, s'il fournit des textes qu'on peut par la parole expliquer, ne fournit pas des images qui s'expliquent toutes seules aux yeux des contemporains, ni surtout qui les émeuvent. Seule, la figure du Christ a ce pouvoir. Or le Christ ne prêche pas la guerre. Il ne fait que des gestes de paix, de concorde et d'amour. Il ne déchaîne pas la révolte nationale contre Rome ; il commande au disciple de remettre l'épée au fourreau. Si on l'évoque à propos de la guerre, c'est seulement comme un symbole de l'héroïsme sauveur, celui qui meurt pour que les autres vivent : « Tu sais, tu sais mourir... » lui dit le poète du *Crucifix*, et non à la manière d'un héros de tragédie classique guindé par la philosophie hautaine et méprisante du stoïcien, ni comme le fanatique anesthésié par l'extase et l'entraînement à la douleur, mais avec et malgré toutes les angoisses de la pauvre nature humaine. C'est donc bien le patron du soldat français dans cette dernière guerre. L'artiste devait naturellement ! évoluer. Mais ne trouvant pas dans l'Evangile une scène qui évoquât en même temps la guerre, il lui fallait l'imaginer. Il lui fallait trouver l'action et le milieu où il pût joindre aux images de combat, de blessures et d'agonie, assez réalistes pour émouvoir, l'image divine assez haute pour consoler. En un mot, il lui fallait de toute nécessité, créer un symbole. C'est à quoi se sont essayés nombre de peintres, M. Jonas et M. Lucien Simon, par exemple. Celui-ci a simplement figuré le Christ qui passe, portant sa croix, escorté de l'ange de la Passion, dans les nuées au-dessus de la tranchée où les poilus combattent et meurent. Entre le groupe divin et le groupe humain, également dirigés vers la mort, un ange passe en rafale, et ce personnage surnaturel, qui venant d'un groupe est tourné vers l'autre, cet « ange de liaison » pourrait-on dire, dirige vers les combattants le pavillon d'une trompette, sans qu'on puisse discerner si c'est l'assaut que sonne cet accessoire biblique ou bien la résurrection des morts. En somme, c'est une vision, comme le *Rêve* de Detaille, mais plus ramassée, plus tragique et traitée par un tout autre peintre. Combien différente d'inspiration et de sentiment, d'ailleurs, et révélatrice de ce qui a passé dans les âmes ! Ce ne sont plus les ancêtres joyeux et fastueux, les drapeaux claquant en voilures, l'aigle rapace des armées impériales, qui ne voit dans les clochers que les étapes de son vol vers les capitales, l'essor indéfini d'un peuple à la conquête du globe… Rien de tout cela ne domine l'esprit du poilu, — mais, dans son moment le plus exalté, c'est la marche au sacrifice, grave, douloureuse, obstinée. On n'eût jamais imaginé dans un tableau de bataille, tel qu'on en exposait dans les *Salons* du premier Empire, quelque chose de semblable à ceci : le Christ portant sa croix au-dessus des grognards, bonnets d'ourson ou « gilets de fer, » de la campagne d'Iéna ou d'Austerlitz ! Sans le vouloir, M. Lucien Simon, dans cette décoration pour l'Eglise de Notre-Dame du Travail, a fourni un trait signalétique de l'âme contemporaine.

D'autant qu'il n'est pas le seul. Depuis M. Desvallières, le Christ aux combattants hante les imaginations des artistes. Dans le *Sauveur* de M. Jonas, le poilu meurt debout sur un tas de cadavres, protégeant ses frères et étendant les bras dans le geste : « On ne passe pas ! » Il suggère ainsi la figure du Crucifié. Mais l'artiste n'a pas cru que ce fût suffisant : il a dressé l'apparence d'une croix derrière lui et allumé autour de son front une timide auréole. C'est une adaptation hésitante et confuse d'un symbole ancien et unanimement accepté à une action toute différente. L'émotion est amoindrie de tout l'effort que l'esprit doit faire pour choisir entre les deux et comprendre. Là est l'écueil de tout art symbolique, et c'est pourquoi il ne saurait s'écarter des formes connues depuis longtemps et intelligibles, sans cesser d'éveiller la sensation directe et immédiate, qui est proprement la sensation esthétique.

La même chose s'observe dans la grande décoration en plein-cintre, que M. Maurice Denis a peinte pour la chapelle du Souvenir de l'église de Gagny. Cette pieuse allégorie de la bataille de la Marne, bien composée, parfaitement équilibrée, ressemble à ces manuels d'histoire, où l'on prétend faire tenir, en une page, la substance de tout un volume. D'un côté, Jeanne d'Arc, la sainte qui combat, guide les poilus à l'éclair de son épée nue. De l'autre, sainte Geneviève, la sainte qui protège, couvre de son voile les femmes, les enfants, les vieillards, tapis derrière un pan de mur écroulé. Au centre, au-dessus des croix du cimetière, un ange gigantesque, aux ailes tricolores, se dresse de toute sa hauteur, vers le ciel, soulevant et comme pour y porter le cadavre d'un pauvre petit soldat. Et, au loin, le ruban déroulé de la rivière fameuse et les éclatements des obus précisent le lieu et le temps de cette allégorie.

Mais l'ensemble est froid, parce que l'artiste n'a vraisemblablement pas choisi tous ces éléments hétéroclites pour leur beauté plastique et pittoresque, comme il eût fait une autre composition. Il les a réunis volontairement, laborieusement, comme des signes destinés à raconter une histoire et à exprimer des sentiments. Et, alors, il s'est heurté aux obstacles qui guettent toute allégorie religieuse. Il en a surajouté encore, en faisant intervenir une figure surnaturelle, — un ange. Les ailes de l'ange perdent toute signification, dans le monde moderne. Les avions rendent inutile et surérogatoire désormais cette parure aviatrice. Le geste de soulever vers le ciel, le ciel physique, le corps du héros, n'est plus un geste significatif, lorsque dans ce ciel, bien au-dessus de lui, à plusieurs lieues dans l'espace et dans l'éther passent les vols des mécaniques et les mortelles trajectoires des obus. Le surnaturel, pour nous toucher désormais, devrait aller chercher ses formes en dehors de la nature, et comme on ne saurait en trouver une seule qui ne soit fournie par la nature, il ne devrait pas se formuler du tout. Ce n'est point en coloriant, aux couleurs nationales, les ailes de l'ange, qu'on a quelque chance de le rendre, ni plus vraisemblable, ni plus divin, ni plus beau. Sans doute, les anges des anciennes peintures déployaient souvent des rémiges diaprées ; ils se paraient même parfois des plumes du paon, mais c'était sans aucune prétention symbolique et parce qu'ils trouvaient qu'elles leur allaient bien, voilà tout. La logique n'a rien à voir dans ces choses, toutes de sentiment et d'inconscientes associations d'idées. Mais, pour inconscientes qu'elles soient, ces associations ne sont pas arbitraires et elles ne peuvent se détruire en un jour. Que les ailes des anges soient taillées sur le patron des ailes des oiseaux, voilà qui s'allie à l'idée que nous nous faisons des uns et des autres, mais non pas qu'elles ressemblent à des drapeaux…

On a beaucoup dit que la décadence de notre art religieux tenait à l'affaiblissement des croyances et à la tiédeur des âmes. Ne nous payons pas de ces raisons : elles ne valent rien. Il y avait autant de désir et d'espoir en une intervention divine, en 1914 et en 1918, parmi les fidèles qui déferlaient au pied des autels, dans toutes les églises de Paris, aux jours des deux batailles de la Marne, lorsqu'on y invoquait à grands cris sainte Geneviève et Jeanne d'Arc, que parmi les foules mantouanes, il y a quatre cent vingt-cinq ans, priant la Madone, à la veille de Fornoue. Et il ne serait pas difficile de trouver, parmi nos grands chefs vainqueurs de la grande guerre, des chrétiens infiniment plus attentifs à leurs devoirs religieux que le marquis Gonzague, tout agenouillé qu'il soit devant la *Vierge de la Victoire*. Pourtant cette Vierge est un chef-d'œuvre. Ce qui manque de nos jours pour lui donner un pendant, au *Salon*, ce n'est ni la foi du soldat, ni le péril national, ni le vœu, ni la victoire : c'est Mantegna.

Quel parti aurait pris Mantegna, ou tout autre vieux maître, en face d'un objet de dévotion à peu près impossible à figurer par l'Art, comme le Sacré-Cœur, par exemple ? Nous l'ignorons, mais nous voyons que ces maîtres n'ont retenu, de tout ce que leur offraient les *Vies des Saints* et *la Légende dorée*, que les thèmes de beauté. Le reste, à peine exploré, a été abandonné. Vainement, racontait-on des scènes édifiantes de martyres, de peaux écorchées, d'entrailles enroulées autour d'un treuil : à peine deux ou trois Primitifs se sont-ils laissés aller à les peindre. La tradition ne les a pas consacrés. Il y a, là, pour nos artistes, un enseignement. Le simple instinct esthétique est là, d'ailleurs, pour les avertir. Il ne suffit pas qu'une dévotion soit encouragée par l'Eglise, répandue dans les masses et même bienfaisante aux âmes, pour que son objet puisse être matérialisé par l'Art. Il faut encore qu'il offre quelque caractère, sinon quelque beauté, qui nous fasse admirer, en lui, l'œuvre du Créateur. Sans quoi, c'est un thème à méditation, non à contemplation. Tel, le Sacré-Cœur. Toutes les tentatives faites pour le représenter, depuis un demi-siècle et encore au Salon de 1920, ne font que confirmer cette loi esthétique : Tout organisme vivant qui, dans la Nature, a été dérobé à la vue par le Créateur, enseveli au fond des eaux ou au fond du corps de l'homme, tout ce qui ne peut pas vivre devant nos yeux, n'a pas été créé pour la joie des yeux et ne doit pas être représenté par l'Art. On peut contester théoriquement cette loi, et sourire de cette conception finaliste de la forme, mais, expérimentalement, toujours elle se vérifie.

La Nature, tout simplement, et dans ses aspects les plus généraux, les plus communs si l'on veut, et les plus durables, voilà ce qui, aujourd'hui comme hier, sauve l'Art égaré dans les symboles. Cette année, encore, les seules grandes et belles pages dans les deux *Salons*, sont des paysages animés : *Les Pâtres* de M. René Ménard, *le Labour* de M. Eugène Burnand, *la Moisson* de M. Henri Martin, et, dans de moindres dimensions, sans figures ni action troublant leur impassibilité, les lacs de la *Haute-*

Engadine, de M. Communal. Ces quatre artistes, qui usent de moyens techniques très différents, très inégaux et même très contrastés, se ressemblent en un point : leur gravité quasi religieuse en face des grands horizons et des intenses lumières, leur joie contemplative, leur ardeur à en témoigner. Si le mot « sincérité » n'avait pas tant servi et servi à qualifier ce qui précisément en manque le plus, je le dirais ici. Mais c'est un mot démonétisé, en tant du moins qu'il s'agit d'art. Je dirai donc celui de « piété, » par quoi j'entends cette sorte de ferveur contemplative qui est la vraie religion de l'artiste.

Les Pâtres de M. René Ménard sont des marbres grecs, vivant et respirant avec la nonchalance des figures du fronton du Parthénon, dans un noble paysage horizontal de grands bois sourds, d'herbes hautes et d'eaux immobiles, sous l'oblique rayon d'un chaud soleil. Les plans d'ombre et de lumière alternent avec régularité jusqu'au proche horizon fermé par les dômes des arbres, couverts de leur somptueuse parure végétale. Les herbes allument leurs pointes aux feux du soleil, l'eau mire les choses lointaines du ciel et proches de la prairie, les bœufs ruminent, et songent à peine plus obscurément peut-être que ces bergers heureux d'être jeunes et d'écouter les sons grêles produits par l'un d'eux, en promenant sous ses lèvres une syrinx. On sent la féconde beauté de ce paysage qui était tel bien avant que l'œil d'un Phidias eût observé la beauté d'un pâtre et qui sera tel après nous, dans des milliers d'années, c'est-à-dire le miracle de la Nature éternelle, où rien ne bouge et où tout est vivant, où rien ne se brise et où tout se transforme, où tout se renouvelle, sans mourir.

Ce sont, là, des visions non de guerre, mais de paix. On devine le sourd et incessant travail de la Nature pour rétablir l'harmonieuse contexture, dans la diversité de ses formes innombrables et réparer les erreurs des hommes. On éprouve son équilibre parfait. On subit la suggestion de son plan mystérieux et divin. Certes, ce ne sont pas, là, des tableaux d'église. *Les Pâtres* de M. René Ménard évoquent même si fortement l'antiquité qu'ils confinent au Paganisme. Mais ils mettent la pensée sur un plan et l'acheminent insensiblement vers ces hautes régions où l'on ne serait plus très surpris de rencontrer la foi. On a même plus de chances de la rencontrer parmi ces témoignages enthousiastes et ces subtils rappels de l'œuvre divine, qu'au milieu des symboles exaspérés et des crudités matérialistes des « sections » dites « d'art religieux. »

Section III

Est-il donc impossible à l'artiste de répondre à l'appel des églises détruites ? Et faut-il voir, dans l'immense domaine où il a régné si longtemps, recueillant tous les fruits de beauté, le jardin désormais interdit, une hargneuse critique veillant, à la place du bel Ange blond, à l'épée enflammée, pour en défendre l'entrée ? Tout dépend du sens qu'on donne à cette expression : l'Art religieux. S'il s'agit des figurations du Surnaturel, il est vrai qu'il n'y faut plus penser. Elles éveilleront toujours, maintenant, l'idée de phénomènes purement naturels, trop aisément réalisés par les prestiges de la science, comme les projections électriques et ne feront plus penser au ciel. S'il s'agit de symboles, on ne saurait ni infuser une vie nouvelle dans les anciens, ni en trouver de nouveaux. Il faut, pour qu'un symbole nous touche, qu'il se comprenne sans effort, ou plutôt qu'intelligence et sensation, à son aspect, ne fassent qu'un. Les grands symboles de l'art religieux hindou, par exemple, laborieusement expliqués par les Orientalistes, ne nous émeuvent pas. En tout cas, ils sont impuissants à émouvoir la foule. Heureux s'ils ne la font pas rire !

Mais il reste des scènes purement humaines, par leur aspect, et qui pourraient être des scènes de genre : la *Nativité*, le *Laissez venir à moi les petits enfants*, le *Sermon sur la montagne*, par exemple, ou des scènes historiques : la *Passion*. Que faut-il, pour qu'elles deviennent divines et éveillent une émotion religieuse ? Qu'elles fassent paraître une expression surnaturelle dans les figures, tout simplement. Et cela n'est point interdit à l'art, même le plus « sincère. » Elles demandent seulement chez l'artiste une pénétration plus profonde. Les visions d'anges ou de vierges, les corps glorieux des ressuscités, les démons, les bêtes d'Ezéchiel ne sont pas du domaine de l'observation exacte, — mais les physionomies des visionnaires le sont. Les symboles qui traversent la pensée mystique : la Foi, l'Espérance et l'Amour divin ne sont que des entités invisibles, mais les traits des visages, chez les croyants, tendus, soulevés et transformés par ces sentiments intérieurs, s'accusent aux yeux de façon très définie et traduisible par l'Art. L'incendie d'une vitre ou d'un toit au loin, dans la campagne, suffit à témoigner qu'ils voient le soleil. Le reflet d'une sphère lumineuse roulant au fond d'un lac atteste la présence d'un nuage qui erre dans le ciel. Croit-on que le visage humain ne vaille pas une ardoise ou un peu d'eau, comme révélateur de l'infini ?

Il y en a, au *Salon* même, quelques exemples. M. Lucien Simon a montré, à côté des combattants guidés par le Christ, le soldat mort couronné par lui, dans le ciel, tandis qu'au-dessous, devant un autel, au moment du sacrifice de la messe, la famille en deuil pleure et prie. Entre les deux, le prêtre, haussant le calice de ses deux bras tendus, fait le geste d'unir la terre au ciel. La vision surnaturelle est sans accent, mais les physionomies vivantes reflètent des âmes. La douleur extatique de la jeune femme et l'inquiétude qu'elle éveille dans le regard de l'enfant, la douleur résignée des vieux, le vague effroi des tout petits, — voilà où palpite vraiment une émotion religieuse. Déjà, dans ses faces de Bretons à la procession, M. Lucien Simon avait révélé des aspects d'âmes. De même, cette année, M. Leempools dans ses *Processions*. Aux *Artistes français*, il y a également deux grandes compositions : *Les départs, août 1914*, de M. Adler et les *Mutilés sous l'Arc* de M. Barthélémy, où le principal spectacle est en dehors du tableau, mais se reflète tout entier dans les yeux des assistants.

L'infini est donc dans l'âme même et les expressions exactes par où l'âme affleure au visage et se trahit aux yeux : voilà le vrai microcosme du monde, je veux dire du monde surnaturel. « Le Royaume de Dieu ne vient pas avec des marques extérieures… Le Royaume de Dieu est au-dedans de vous. » L'artiste peut observer ces expressions et les rendre avec la même rigoureuse précision que mettait le docteur Duchenne, de Boulogne, à provoquer sur des visages inertes les réactions des muscles, indicateurs de sentiments. Et il l'a toujours fait. Même aux époques d'art le plus mystique et le plus audacieux dans les figurations de l'inconnaissable, les Maîtres, pour ravir les âmes, ont largement usé de l'observation pure. Ce qu'il y a de plus édifiant, chez les *Vierges* et les *Crucifixions* des van Eyck, des Memling, de notre Jean Fouquet, ce ne sont pas les personnages sacrés, encore moins les symboles : ce sont les donateurs. Ce qu'il y a de plus surnaturel dans la *Nativité* fameuse d'Hugues de Gand, ce ne sont pas les anges inexpressifs et royalement parés : ce sont les bergers, — de terribles truands, pourtant, gibier de Breughel ou de Courbet, mais que la vue de l'Enfant-Dieu a transfigurés !

Supprimez les anges, et les nimbes, et les « gloires, » et les trompettes d'or qui jaillissent chez Fra Angelico : dans les faces extasiées de ses moines, vous aurez encore le Paradis. Si nous nous interrogeons sincèrement, nous avouerons que notre émotion devant elles vient des choses, non du ciel, mais de la terre. Et une des causes vraies, des causes facilement véritables, qui rendent si peu émouvants les tableaux religieux des derniers siècles, c'est qu'ils ne contiennent plus de figures de donateurs, c'est-à-dire de ces réalités toutes profanes, parfois vulgaires, mais qu'une lumière intérieure venait ennoblir. De nos jours encore, le phénomène s'est vérifié : Ary Scheffer n'a rien touché des fibres de la conscience chrétienne avec son grand diable tentateur sur la montagne ; il y est parvenu, au contraire, aisément avec sa vision tout humaine, — encore que ce soit un bien pauvre tableau ! — du dernier entretien de saint Augustin et de sainte Monique. Plus récemment, M. Eugène Burnand nous n donné encore un très saisissant exemple. On se rappelle ses figures des deux disciples Pierre et Jean, courant au sépulcre du Christ, à l'aube du troisième jour. On leur a dit qu'il était vide : ils vont voir, et ils passent en rafale, les cheveux au vent, le front enflammé par l'aurore de ce matin, qui est l'aurore d'un nouveau monde, le regard fouillant l'espace, les mains jointes par la stupeur et l'espoir, visages anxieux, émerveillés, éperdus, fous, — l'un tiraillé par l'effort d'une pensée encore hésitante, obscure, — l'autre abandonné à l'amour et à la confiance, — tous deux tirés en avant et comme aspirés par la formidable attraction du miracle... L'artiste n'a pas eu besoin d'imaginer des anges, des auréoles, des ailes, un corps glorieux qui se dissout en lumière : dans les yeux de ces deux hommes, on voit toute la Résurrection. En ce sens, on peut dire qu'aujourd'hui l'Art religieux doit être, avant tout, un art psychologique. Non que la pénétration psychologique soit nécessaire à une œuvre pour être forte et belle, en tant qu'œuvre d'art, mais parce que sans elle il n'y a plus d'art religieux.

Et c'est d'art religieux qu'il s'agit, quand on parle de décorer, à nouveau, des églises. Ce n'est point de divertissements quelconques, destinés à faire oublier à des dilettantes égarés à l'office, la longueur des cérémonies. En cette matière, il faut savoir ce que l'on veut et où l'on va. Beaucoup d'excellents esprits, animés des meilleures intentions du monde et point du tout dépourvus de goût artistique, n'ont pourtant point l'air de s'en douter. Si l'on en juge par certains projets déjà mis au jour dans les expositions précédentes et aux *Salons* de 1920, ils s'imaginent qu'on peut édifier les âmes en présentant aux yeux des formes gauches, des membres roides ou des expressions exaspérées. Leur admiration pour les Primitifs les égare. Les Primitifs faisaient de leur mieux et ne méprisaient aucun moyen de perfection. Les fidèles de leur temps n'ayant point la mémoire visuelle remplie d'images plus exactes de la réalité, les trouvaient sans doute admirables. Aujourd'hui, pour goûter ces formes simples, il faut avoir l'esprit terriblement compliqué. Le peuple ne l'a pas. Il n'est édifié que par ce qu'il trouve beau et il ne trouve beau que ce qu'il voit exprimé par des formes régulières et des couleurs harmonieuses. Il se peut que ce soit une erreur de sa part, mais c'est ainsi. Or, on ne fait pas un art religieux sans le peuple, pas plus qu'on ne fait une religion sans le peuple. Une religion que le peuple n'adopte pas et n'éprouve pas, ce n'est pas une religion : c'est une philosophie. Un art que le peuple n'éprouve pas, n'est pas un art religieux, c'est ou de l'ésotérisme ou du dilettantisme. On peut le mettre au musée : il n'a rien à faire dans une église.

Un après-midi d'automne, en Bretagne, je visitais une modeste église de village, précédée d'un calvaire encore plus modeste, mais émouvante et pittoresque comme elles le sont presque toutes, lorsque, sous le porche, un détail inattendu m'arrêta. Par terre, en vrac, dépaysées et désorientées comme gens qui attendent quelque chose et ne savent pas de quel côté cela viendra, des statues anciennes, peinturlurées, figurant des personnages sacrés, étaient là, descendues de quelque corniche, ou de quelque autel et, pour ainsi dire, à pied. Et que faisaient-elles ? Le sacristain, interrogé, répondit que c'était des saints jadis vénérés de la paroisse, mais qu'ils étaient si mal faits, si ridicules, que les fidèles, depuis longtemps, ne pouvaient les regarder sans rire « parce que, maintenant, on a de l'instruction et on s'y connaît, » — ajouta-t-il en manière d'explication. Donc, M. le curé, pour mettre fin au scandale, avait résolu de les faire disparaître.

Naturellement et selon le rite, mes compagnons de voyage s'indignèrent. Car il y a des rites en ces matières et l'un d'eux est qu'il faut déclarer merveilleuse et intangible toute vieillerie, — y compris ce qui neuf, nous aurait fait pousser des cris d'horreur… Ces saints mal dégrossis, sans proportion, grossièrement coloriés, mais doués de quelque caractère, avaient le charme d'une histoire terrible, mal racontée par un enfant qui a peur ? Ils pouvaient amuser la curiosité de gens blasés sur les perfections plastiques des chefs-d'œuvre, pour avoir visité tous les musées du monde. Mais il était fort naturel qu'ils fussent un objet de répulsion ou de rire pour les paroissiens. En voyant des saints figurés comme des magots, ils ne pouvaient penser que deux choses : ou que la sainteté produisait des effets bien pénibles, ou que l'artiste avait voulu se moquer du Ciel… De là, le scandale. Et, en le faisant cesser, le bon curé avait raison. Il est possible que jusqu'à un certain point, ces naïves sculptures fussent de l'art. Mais ce n'était pas de l'art « religieux. »

ISBN : 978-1981571925

www.ingramcontent.com/pod-product-compliance
Lightning Source LLC
Chambersburg PA
CBHW070936220526
45468CB00005B/1793

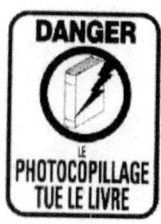
ISBN : 978-1981446797

10 9 8 7 6 5 4 3 2 1

Louis Gillet

Rembrandt
et les étapes
de sa gloire

Critique

Louis Gillet

Rembrandt et les étapes de sa gloire

Critique

Table de Matières

Introduction

La Hollande, l'été dernier, célébrait le troisième centenaire de la naissance de Rembrandt. Le Louvre vient d'ouvrir une salle consacrée à son œuvre. C'est l'occasion d'esquisser une étude qui n'a pas été faite en France, celle de la réputation du maître. Comment a-t-il été compris, de son vivant et après sa mort ? Quel accueil ses concitoyens firent-ils à son génie ? A quel moment sa gloire, franchissant les limites de son petit pays, commença-t-elle son tour d'Europe ? cette gloire enfin, la plus haute qu'il y ait aujourd'hui dans l'art, quels en ont été les degrés ? Nous nous flattons d'avoir à peu près inventé Rembrandt : sommes-nous sûrs que nos pères ne l'aient pas au moins soupçonné ? Ils s'en faisaient sans doute une autre idée que nous ; on ne s'avisait pas encore de chercher dans un peintre un penseur, un voyant, un apôtre socialiste. Il est bon de préciser à quelle époque ces éléments nouveaux entrèrent dans la composition première de la figure de Rembrandt. Que pensèrent de lui les peintres de fêtes galantes, puis les peintres gréco-romains de la Révolution et de l'Empire ? Que fit pour lui le romantisme ? Quel fut ensuite le rôle de l'école naturaliste, et enfin celui de la critique et de la science modernes, depuis Fromentin jusqu'à M. Emile Michel et aux auteurs les plus récents ? C'est un peu l'histoire du goût dans les trois derniers siècles. Elle nous ménage quelques surprises. Chaque âge découvre un sens inédit aux chefs-d'œuvre. Il les refait à sa ressemblance. Il les anime du reflet de ses propres pensées. Leur immortalité est une suite de quiproquos. Et pourtant, à travers tant de méprises diverses ou même contradictoires, se dessine le progrès d'une loi continue. Rembrandt passe dans l'histoire pour l'adversaire permanent de l'idéal classique. Son action est le pendant artistique de celle de Shakespeare. Chacun de ses triomphes marque une défaite équivalente des principes de l'Ecole. Chaque épisode de la lutte entre la « tradition » et les idées « nouvelles » se traduit par un avantage ou une éclipse de sa renommée. Or, cette inimitié invétérée est-elle vraiment irréductible ? Existe-t-elle à l'origine ? Soit dans ce qu'il a fait, soit dans ce qu'il a voulu, Rembrandt est-il le réfractaire, l'insurgé contre la Renaissance, une sorte d'Antéchrist batave et protestant de Rome et de Raphaël ? Il semble que ni lui-même, ni les meilleures têtes de son temps, n'en aient jugé ainsi. La critique de nos jours paraît revenir sur ce point au sentiment de la première heure. Après bien des détours, et comme en décrivant une spirale de trois siècles, la vieille antinomie est peut-être à la veille de se résoudre par un accord. Il n'est pas inutile de déterminer les époques ou les étapes de cette histoire. Rien ne pourra mieux nous apprendre ce que le temps ajoute à l'intelligence des chefs-d'œuvre, et comment se développe ce phénomène ambigu que l'on appelle la « vie » de l'art.

Section I

La biographie de Rembrandt se résume en deux mots : un début éclatant et une fin lugubre. Cette fin nous obscurcit le bonheur du commencement de toute l'existence du maître, nous ne retenons que les années de misère et d'agonie. On voit le malheureux, âgé, déchu, détruit, roulé presque au ruisseau, et réduit, pour manger, à faire des portraits « à six sous. » L'antithèse nous séduit. Et aussi cette pénombre, cette solitude, cet abandon, ce vague évanouissement d'une grande âme dans les ténèbres, quel effet de mystère ! quelle poésie de « clair-obscur ! » Tout cela prête à rêver ; et on ne s'en est pas fait faute, non plus que des tirades prévues sur l'injustice et l'ineptie du public. On oublie que ce même public avait fait à Rembrandt une fête enthousiaste, et applaudi à sa jeunesse comme il ne le fit jamais à celle d'un autre artiste. D'autre part, cette gloire ne fait que rendre la chute finale plus grave et plus profonde. Il y a là un double problème dont on n'a pas toujours donné d'explications satisfaisantes. On n'a pas assez vu l'état moral de la Hollande, ce qu'elle était, ce qu'elle attendait, ce que lui apportait Rembrandt à l'heure de ses premiers succès. On a trop négligé le point de vue de l' « actualité. »

Au seuil du XVIIe siècle, la Hollande entre dans la phase la plus brillante de son histoire. Dans ce pays, où le sol même est une conquête sur la nature, un héroïque petit peuple vient de lutter victorieusement pour son indépendance. En quarante-deux ans de guerres opiniâtres, de sièges, de blocus, de famines, ils sont arrivés à leurs fins : ils ont arraché à l'Espagne l'armistice qui leur reconnaît le droit d'exister, de ne relever de personne, et d'être une patrie. Leur énergie, venue à bout de la première puissance militaire d'Europe, déborde et, n'ayant plus de nation à créer, se taille un empire dans le monde. C'est la seconde des grandes époques, l'ère des arméniens et des expéditions. Ils colonisent l'Océanie, ils découvrent la Nouvelle-Zemble. A l'intérieur, ils sont une démocratie. Aux grandes monarchies absolues et décoratives, ils infligent le scandale de leur liberté et de leur sagesse. Tout leur réussit, toutes leurs entreprises prospèrent. Après tant de sacrifices, l'opulence est venue, et le désir avec la faculté de jouir. Il ne leur reste plus qu'à se donner le luxe des peuples qui savent vivre, à conquérir un rang parmi les nations polies et à s'improviser une culture et un art.

Moralement, la Hollande, à cette date, est dans un état de « snobisme » national. Ce peuple de marchands heureux n'est qu'un État de parvenus. Ils le sentent, et leur amour-propre souffre de cette blessure. Ils sont du Nord, et leurs pareils passent un peu partout pour des cerveaux gothiques. Eux-mêmes se savent plus que d'autres suspects de barbarie. On leur accorde l'esprit positif et pratique, le génie des affaires ; mais le moyen de les croire sensibles aux plaisirs désintéressés et aux raffinements du goût ? Pour comble de malheur, leur premier acte d'indépendance avait été une explosion de vandalisme ; aux yeux des nations ornées, latines et aristocrates, ils demeurent toujours « cette canaille » iconoclaste. Et leur surnom de « Gueux » commence à leur peser...

De là un appétit, une frénésie, de connaissances, une fièvre de distinction, une soit de belles manières, de langage disert et d'éducation noble. La Hollande brûle de savoir ce que savent les nations « de qualité. » Aucune dépense ne compte quand il s'agit de cette parure. Ces braves commerçants sont fiers de s'offrir et de pensionner les maîtres les plus célèbres, les plus coûteux de l'étranger, un Saumaise ou un Scaliger. Des universités se fondent, les chaires se multiplient. C'est le siècle de la librairie et l'âge d'or des Elzévirs. Et le fait est que la Hollande, à ce régime, devient en peu d'années le premier des « pays pensants. » Seulement il résulte de cet état d'esprit plus d'une conséquence contraire aux opinions reçues. Que n'a-t-on pas écrit sur l'idéal de ce pays neuf ? Qui n'a présentes à la mémoire les pages de Taine et de Fromentin sur la condition singulière de cet art. « mis expressément en demeure de se montrer original, sous peine de ne pas être ? » Ces théories sont aujourd'hui un des lieux communs de l'histoire. Elles sont cependant discutables.

Car les doctrines, les idées dont ce peuple de bonne volonté admirable se gorge avidement, n'ont rien de national. Cette culture dont il est jaloux, c'est la culture européenne, telle que l'a faite la Renaissance. Il n'existe au XVIIe siècle qu'une façon supérieure de concevoir la vie et d'être « honnêtes gens : » c'est la façon des humanistes. C'est elle que nous voyons adoptée en Hollande. Ce peuple anti-latin n'a que des savants en *us* : faut-il citer Grotius, Snellius, Furnerius, Juste Lipse, les deux Heinsius ? Ses poètes les plus goûtés sont des poètes de collège, qui scandent des hexamètres et fourbissent d'élégants distiques. Les Pays-Bas sont la patrie des chambres de rhétorique. Dans les rares occasions où cette chiche maison d'Orange se mit en frais de dépenses somptuaires, elle fit preuve du choix le moins national. En 1652, quand Amélie de Solm voulut glorifier la mémoire de son mari, c'est Jordaens qu'elle appela d'Anvers pour peindre son *Triomphe* : d'où cette apothéose turbulente de la Maison au Bois qui, sous prétexte de célébrer un héros hollandais, est une seconde édition de la Galerie de Médicis. Et l'on a dit très finement que la Hollande, comme tous les bourgeois enrichis, ne pouvait demander à ses artistes qu'une chose : son portrait. Le portrait de la Hollande ? L'image de ses goûts, de ses ambitions ? Consultez là-dessus ces bizarres morceaux de Gonzalès Coques, — encore un Anversois que patronnent les Nassau, — examinez ses *Intérieurs d'amateurs'* ou ses Boutiques de peintures : c'est le musée de tous les genres, l'abrégé de toutes les écoles, flamande, bolonaise, vénitienne, romaine ; c'est le répertoire de la fable, de l'histoire et de l'allégorie ; vous y verrez Titien, van Dyck, Jules Romain, Polydore, Rubens et même Velazquez : rien n'y évêque la Hollande ni l'art hollandais.

Chose curieuse ! hormis deux ou trois exceptions, pour un Gérard Dow, un Schalken — nous verrons pourquoi, — tous ces « petits maîtres » de terroir, parfois si vraiment grands, toujours si précieux, si suaves dans leur bonhomie, ces peintres excellents, Terburg, Vermeer de Delft, Pieter de Hoogh, Jan Steen, et les paysagistes, Ruysdaël, Cuyp, van Goyen, Hobbema, ont passé de leur temps inaperçus ou dédaignés. Tous sont morts misérablement, plus d'un à l'hôpital, comme liais, ou insolvables comme van Goyen ; d'autres, comme Hobbema, plus heureux, donnent leur démission d'artistes, finissent dans un petit emploi. Le pays qu'ils peignent si bien, avec tant de conscience et d'amour, les ignore ou refuse de se reconnaître en eux. On leur sait mauvais gré de leur simplicité. Ce sont de pauvres diables assez compromettants, que la bonne compagnie laisse pour compte à la mauvaise et abandonne à la bohème. On leur préfère les plus médiocres des *italianisans*. Mais il est clair que, pour tout le monde, le maître national serait celui qui le premier trouverait de l'idéal classique une formule hollandaise. C'est ce que ne pouvait promettre aucun auteur de « bambochades, » ni davantage les maîtres attitrés des « tableaux de corporations, » pas même les plus grands, un Ravesteyn ou un Franz Hals. C'est au contraire ce que le public cultivé espéra tout d'abord de la jeunesse de Rembrandt.

Les témoignages sont décisifs. Le premier en date, publié seulement depuis une quinzaine d'années, est ce curieux passage des *Mémoires* de C. Huygens. C'était un personnage considérable que ce Huygens, seigneur de Zuylichem et secrétaire d'Etat, mais surtout un homme d'esprit, un dilettante et un Mécène. Ses *Mémoires* sont de 1631. La *Leçon d'anatomie* est de l'année suivante. Rembrandt a vingt-cinq ans, il vit chez ses parents à Leyde où il est depuis quelque temps une célébrité locale (*magni fit*, note déjà quelqu'un, lequel ajoute : *ante tempus*). Il est le maître de Gérard Dow. Il achève de s'instruire, exécute étude sur étude d'après soi et les siens, compose de petits tableaux sur d'ambitieux sujets d' « histoire. » Huygens décrit l'un d'eux, — ce sont les *Trente deniers* de la collection Schickler, à Paris, — et, parlant de la figure de Judas, il s'écrie :

Je la mets en balance avec les chefs-d'œuvre de tous les siècles ; j'y renvoie ces docteurs qui veulent que les modernes ne puissent que répéter et ressasser les anciens. J'ose le dire : Protogèues, Apelles, Parrhasius n'eussent pas imaginé et n'imagineraient pas encore, s'ils ressuscitaient aujourd'hui, ce que cet enfant, ce Batave, ce fils de meunier a su, tout imberbe qu'il est, accumuler d'expression dans une seule figure et y rendre parfaitement sensible. *Macte vero, mi Rembranti !* C'était peu que de transférer jusque dans l'Italie

Troie et l'Asie elle-même, au prix de ce que tu as su faire : l'honneur de Rome et de la Grèce transporté en Hollande, par un Hollandais qui n'a jamais franchi les murs de sa ville natale.

Huygens surfait beaucoup ! On ne reconnaît plus Rembrandt sous ce latin de *Conciones*, Rembrandt comparé à Enée, *Trojæ qui primus ab oris'*, etc. Mais l'équivoque est impossible : d'elle-même, spontanément, par ses ressources originales, la démocratie hollandaise vient de s'élever au « grand art. » Un « Batave, » un de ces rustres et de ces Iroquois, sans guide, à lui tout seul, dans un moulin de Leyde, a réinventé la matière éternelle du Beau ; il a retrouvé l' « homme ; » il a ravi l' « honneur de Rome et de la Grèce. » Voilà ce qui explique le transport de Huygens. Et telle est bien encore pour nous, entre les peintres de son pays, la raison de la royauté de Rembrandt. Car, à ne regarder que les mérites de la palette, il a plus d'un égal, peut-être un ou deux supérieurs ; à ne chercher dans l'art que la monographie d'un peuple, vingt autres nous renseigneront mieux que lui. Mais nul, ni en Hollande ni ailleurs, n'a su mettre dans une figure plus d'expression humaine.

Ce n'est pas pour rien que Rembrandt est de Leyde. Cette ville était la capitale de l'humanisme hollandais. Leyde, de nos jours encore, a sa physionomie toute particulière. On connaît ce tableau, peint pour l'Hôtel de Ville par I. de Schwanenburg, le père du maître de Rembrandt : l'allégorie s'y mêle de la façon la plus baroque à une apothéose du commerce des draps. Voilà tout Leyde. Ses draps l'enrichissent, comme M. Jourdain, mais son argent lui sert à faire figure « libérale. » C'est elle qui, au plus fort des guerres espagnoles, après son siège magnifique, ayant le choix d'une récompense, demande une université. Elle l'obtint ; il lui en est toujours demeuré quelque chose. De tous les professeurs qui enseignèrent dans ses chaires, de toute l'éloquence qui l'a bercée depuis tant d'années, il lui est venu à la longue on ne sait quel air *bas bleu*. Elle conserve son quartier Latin, et « latin » n'est pas un vain mot : les garnis pour étudiants persistent à s'y annoncer *cubicula locanda*. Il subsiste même, dit-on, une savante gargote où le garçon s'appelle *puer* et où, sur les menus, le veau et le poulet se déclinent encore imperturbablement comme des « exemples » de Lhomond.

La peinture ne pouvait être là ce qu'elle était ailleurs. En effet, l'école de Leyde est toute différente de celles de Delft ou de Haarlem, bien qu'il n'y ait entre ces trois villes qu'une demi-heure de trajet. C'est un art universitaire. Rien peindre ne lui suffit pas, il y ajoute des finesses et des sous-entendus. Il se souvient qu'il a des lettres. Tous les genres nationaux, à Leyde, se teintent d'une nuance de pédantisme. Il n'est pas jusqu'à la naïve nature morte qui ne se mette en devoir de faire la morale : elle ne peut pas représenter une pipe auprès d'un pot à bière, sans qu'un sablier ou un crâne ne viennent, à côté, prêcher le néant des choses ; cela s'appelle une *Vanitas*, et cela devient un sermon. Le « genre » proprement dit tourne à la leçon, à la satire. Jean Steen, qu'on prend pour un cynique, un ivrogne et un débraillé, est à coup sûr un moraliste, quelquefois un sentimental, à ses heures presque mystique, Gérard Dow même n'est pas exempt de subtilités. On en relèverait la trace chez Pieter de Hoog. Quant à Rembrandt, leur aîné et leur maître à tous, on peut dire qu'il en fourmille. Personne n'a déchiffré sa *Concorde* de Rotterdam, et l'estampe du *Phénix* est un insoluble rébus. Et je ne parle pas de ses pièces « apocalyptiques ! » En revanche, dans toute son œuvre, on ne citerait pas une page ayant le sens formel d'une scène de genre. *Danaé, Diane et Actéon*, le *Rapt de Proserpine*, *Ganymède*, voilà ses sujets ; c'est encore le *Serment de Cl. Civilis*, ou le *Jeune Caton consul faisant arrêter son père par ses licteurs* ; et c'est surtout la Bible, à ses yeux l'histoire des histoires. Il a respiré de bonne heure cette atmosphère leydoise, chargée d'abstractions et d'idéologies, cet air des belles humanités qui l'emportait à mille lieues de l'existence vulgaire. Il a goûté ce fort alcool intellectuel : le démon lui en est resté. Jamais il n'a été franchement de son temps et de son pays. Au milieu de cette école hollandaise, si locale, si bourgeoise, si cordialement éprise de son petit terre-à-terre et de son confort domestique, il est celui qui vit « ailleurs, » hors des lieux et des siècles, le rêveur à la tête pleine d'universaux, et toujours, plus ou moins, l'historien de l'éternité.

C'est là ce que ses contemporains ont admiré en lui, beaucoup plus que son « clair-obscur, » qui ne lui appartient pas en propre, et qui n'est même pas, en son fonds, plus hollandais qu'italien. Le génie de l'*istoriatore*, du *favoleggiatore*, pour lui appliquer le mot de Bernin parlant d'un autre artiste, voilà ce que la Hollande acclama dans Rembrandt. Cela nous semble un peu étrange. Nous nous laissons tromper là-dessus, dans ses ouvrages, par une « couleur locale » qui passe en excentricité celle même de Shakespeare. La critique d'alors la tenait pour irréprochable. Nous avons sur ce point une opinion très explicite, celle du poète Philippe Angel en son *Éloge de la peinture* (1641). Ce qu'il trouve d'admirable chez l'auteur du *Mariage de Samson*, c'est la « profonde connaissance » des coutumes des « anciens, » qui se tenaient « couchés » à table sur des lits, « en sorte qu'ils mangeaient appuyés sur leurs coudes. » Ce sont, Dieu me pardonne ! les raisons sur lesquelles se fondait en France la réputation de Poussin. Et pas une fois Rembrandt n'a manqué à ce protocole. Les anges reçus chez Abraham, dans la célèbre eau-forte, sont accroupis à l'orientale. S'il y en a un de barbu, c'est pur scrupule d'exactitude ; l'artiste a copié une miniature persane : qui en saurait plus qu'un Persan sur la Mésopotamie ? Et si, dans le fond de l'estampe, on remarque un gamin assez inexplicable, qui tire de l'arc par-dessus un mur, qu'on veuille se reporter au texte, on y lira comment le petit Ismaël fut élevé au désert et devint bon archer. On ne peut être plus littéral. Et soyons sûrs que ces oripeaux, ces tiares, ces turbans apocryphes, cette friperie de pacotille dont le peintre affuble ses Saüls, ses Siméons et ses Caïphes, sont à ses yeux le *nec plus ultra* de l'exotisme et le dernier mot de la « turquerie. » Vanité de la science ! Il se croyait aussi textuel et aussi authentique, que peut le faire de nos jours un Holman Hunt ou un laines Tissot !

Rien n'est plus relatif qu'une vérité d'histoire ou d'archéologie. Ce qui dure au contraire, ce sont les vraisemblances morales, les vérités du cœur, de l'âme, de la raison. Toute œuvre classique repose sur un acte de foi dans l'identité générale de la nature humaine et de ses grandes lois. C'est le *Credo* de l'humanisme, et c'est bien celui de Rembrandt. Revenons à *Samson* et au texte d'Angel : « Samson, poursuit le critique, propose son énigme. Du pouce et du doigt du milieu, il tient l'index de sa main gauche, geste familier aux personnes occupées d'un raisonnement. Quant aux convives, ils sont de naturels divers. Les uns, sans souci de l'énigme, lèvent un rouge-bord ; d'autres courtisent les femmes. Dans l'ensemble, c'est une noce joyeuse. Et, *tandis que les gestes sont les mêmes qu'on voit faire encore aujourd'hui, néanmoins cette noce est bien distincte de toutes les autres.* Voilà ce que j'appelle avoir bien lu, être bien versé dans l'histoire et avoir beaucoup médité. » Et Jérémias de Decker ne dit pas autre chose, en 1660, dans son joli sonnet sur le Noli me tangere du musée de Brunswick. De tous ces différents passages ressort la même conclusion : c'est que Rembrandt fut célébré par les plus avertis de son temps pour ces qualités « littéraires » ou intellectuelles, de pensée, de réflexion, de poésie qui manquaient à l'école du cru, et faisaient de lui au contraire ce que le XVIIe siècle mettait au-dessus d'un beau peintre : un grand esprit, un grand artiste.

Ce qui le prouve, c'est le succès de la *Leçon d'anatomie*. C'était le début du jeune maître en ce genre de « morceaux de corporations, » *regenten* ou *doelen-stukken*, comme on les nomme dans le pays. Devant cette page illustre, il est toutefois difficile de n'être pas déçu. La critique de Fromentin semble à peine sévère. Il faut, toutefois, voir ce qui existait en fait d'*Anatomies* avant celle de Rembrandt : cette comparaison lui rend sa vraie valeur, et on ne la trouve plus indigne de sa réputation. C'était la première fois qu'une collection de portraits se changeait en « tableau, » et qu'un procès-verbal d'Académie de médecine s'élevait à la vie de l'art. Chose toute nouvelle en Hollande, la forme était conçue comme la langue de l'universel. D'un simple procédé de reproduction, elle devenait l'instrument qui débrouille, coordonne, synthétise et, du particulier, extrait une idée générale. C'était, sur une donnée et en un genre tout hollandais, la révélation de la puissance du « style. »

Elle allait éclater dans la *Ronde de Nuit* avec un redoublement de certitude et de résolution. Peu d'œuvres, on le sait, ont été plus controversées. Tout s'éclaire, dès qu'on la « situe » à sa date dans la série des œuvres de la même famille. Ce n'est ni une « vision, » ni une « fantasmagorie, » mais, en un ordre de sujets confinés dans le tableau de mœurs, un puissant essai de « grand art. » Le sujet, on le sait encore, n'a rien de nocturne ni de mystérieux : c'est la sortie d'une troupe de la garde nationale allant à un concours de tir. Une fillette porte les prix à sa ceinture : une bourse et un coq. Jusqu'alors, en cette matière de « gardes civiques, » les peintres, même les plus grands, n'avaient guère produit que des morceaux d'un intérêt municipal, anecdotique. Tout se bornait au signalement de quelques individus, habituellement prisa table, à mi-corps, dans un jour égal, entre les quatre murs d'une chambre. Sur ces données traditionnelles, Franz Hals avait exécuté ses variations les plus fleuries, sans beaucoup s'écarter du ton de la chronique. Rembrandt voulut donner aux choses le caractère de l' « histoire. »

Il serait curieux de montrer en détail comment il remplit son objet ; comment d'un genre « assis » il fait un genre « debout » et d'un tableau de demi-figures, un tableau de figures entières ; comment du coup le ton s'élève, comme les proportions s'exhaussent, comme la page entière devient décorative et architecturale. Qu'on se figure, si l'on peut, les *Noces de Cana* du Louvre découronnées de leurs terrasses et de leurs colonnades, réduites à la scène du banquet : on tuerait de même la *Ronde* en la décapitant de l'arche fastueuse sous laquelle elle se déroule. Ces dimensions inédites, ce vague porche sombre, l'espace, l'atmosphère, l'éclairage, tout généralise la scène et la métamorphose, et pour la première fois dégage d'un incident actuel, déterminé, banal, sa signification nationale et historique. Se plaint-on que les têtes soient peu physionomiques, les attitudes indécises, les costumes peu spécifiés ? C'est à ce prix que le maître isole de la vulgarité des faits la somme d'idéal qu'ils pouvaient contenir. Devant ce spectacle quotidien de la vie d'Amsterdam, une compagnie de bourgeois en armes, empanachés et pacifiques, Rembrandt — ce que nul n'avait fait ! — songe aux guerres récentes et aux gloires de la patrie. Il y voit quelque chose comme une « Marche héroïque. » Il lui donne le rythme d'une sorte de *Marseillaise* ou de *Wilhelmus* triomphal, et compose sur ce thème, avec l'indépendance suprême du grand artiste, daris les timbres plus sourds qui conviennent à une race plus grave, la symphonie monumentale d'un Véronèse noir. Et c'est ce qui a tout de suite été vu du public, surtout l'effort de style et de composition. Dans la *Ronde*, on a tout d'abord admiré l' « œuvre d'art. » Hoogstraten, l'élève de Rembrandt, celui à qui on doit de si précieux détails sur l'atelier du maître, s'explique là-dessus à la perfection : « Un alignement de personnages, dit-il, ne fait pas un tableau. Rien n'est par malheur plus commun dans nos *doelen* d'arquebusiers. Les vrais maîtres savent donner de l'unité à leurs ouvrages. C'est ce qui a été supérieurement observé par Rembrandt au *duel* en d'Amsterdam ; trop bien même, au gré de plusieurs : car il s'est plus préoccupé de sa grande figure ou du groupe principal, qui avait ses préférences, que de la série de portraits qui lui étaient commandés. Cependant cette page durera plus que toutes ses pareilles, étant si pittoresque de principe, si élégante d'allures, et enfin si puissante que toutes les autres, en regard, ont la mine de jeux de cartes. » Hoogstraten a raison : la *Ronde* est encore aujourd'hui plus vivante que jamais. Elle est la « geste » populaire et l'épopée de la Hollande.

Tout montre que les contemporains ont salué en Rembrandt leur grand « classique » national, l'homme qui les consolait de n'avoir pas Rubens. Pourquoi s'en détachèrent-ils, et coin nient leur première ferveur finit-elle en mépris ? On répond quelquefois que dans sa nouveauté la *Ronde* fut un désastre, et que jamais l'auteur ne réussit à s'en relever. Après le témoignage tout différent de Hoogstraten, il faut bien trouver autre chose. Pourquoi ne pas admettre que le désordre de sa vie lui ait fait plus de tort qu'un tableau mal reçu ? Ce sont les choses qui comptent le plus pour les contemporains. Par son mariage avec une patricienne, par sa clientèle élégante, Rembrandt était du « monde, » ou tout voisin du monde ; on devait y être d'autant plus sévère pour ses fautes que, n'y étant pas né, on l'y tolérait seulement ; et depuis la mort de sa femme, il accumule les scandales. Voilà son vrai malheur en cette année de la *Ronde*. Avec cette aimable Saskia, il perd plus que le charme, — la dignité de son foyer. C'est d'abord un roman avec la nourrice de son fils, puis un second avec une servante plus fraîche. Et ce sont des scènes entre ces dames ! Il est fâcheux que la police ait si souvent affaire dans ce ménage de veuf. Ensuite c'est le tour de la censure ecclésiastique. On avait pardonné à Raphaël ses Fornarines. Mais c'est autre chose sans doute d'être un Romain de la Renaissance, adolescent et beau, fait comme un Prince Charmant, ou un citoyen d'Amsterdam, épié par une bourgeoisie étroite et pharisienne, et n'ayant du reste l'excuse ni de la grâce ni de l'âge : on le lui fit bien voir.

Mais le plus grave, ce furent ses dettes. Il avait, comme Balzac, la passion du collectionneur, l'amour du bric-à-brac, l'instinct des vieilles défroques, des choses étranges qui peuvent servir de document ou d'aliment au rêve, le flair d'un Cousin Pons ou d'un Elie Magus. Il avait aussi des goûts de luxe, la folie des tableaux, des armes, des statues, des belles et rares gravures. Et il avait enfin la superbe en affaires et l'insouciance d'un homme dont le talent vaut de l'or et qui souscrit des billets avec la certitude d'avoir toujours en soi plus qu'il n'en faut pour les payer. Au temps de sa splendeur, ses finances étaient déjà embarrassées. Et enfin ce fut la débâcle. En un jour douloureux, une journée d'hiver, en pleine rue, devant une porte d'auberge, le malheureux vit ses trésors se dissiper à la criée et se vendre à vil prix. Rembrandt subit l'arrêt d'un cœur sec et stoïque. Il ne se plaignit pas, il ne se laissa pas abattre. Rien, dans son imperturbable labeur, ne laisse deviner une défaillance ou une souffrance. Son écroulement le laisse impassible. A cinquante ans, ce pauvre hère grisonnant, trébuché de sa gloire, chassé de sa maison, expulsé de ses souvenirs, ramasse quelques hardes, déménage son chevalet et continue à peindre comme si de rien n'était. Dès lors, ses traces se perdent dans une petite existence tracassée et nécessiteuse, sans histoire, anonyme comme celle de tous les sans-le-sou. Il habite une ruelle dans le fond d'un faubourg, dans le quartier des marbriers. Sa maîtresse le fait vivoter d'un vague trafic de brocante. Et dans sa déchéance on le voit si serein, qu'on se demande s'il n'y trouve pas une espèce de bien-être. Est-ce un ingénu, un cynique ou un grand enfant ? Il est libre, et peu lui importe si c'est en bas plutôt qu'en haut. Il peint. Il fait le *Saint Mathieu*, l'*Homère* et le *Saül*, la *Fiancée juive* et les *Syndics*, la *Flagellation* de Darmstadt, la Famille de Brunswick, l'*Enfant prodigue* de l'Ermitage. Jamais il n'a été plus grand. Personne ne le comprend plus. Son génie, à défaut de la honte et de la ruine, se chargerait de faire autour de lui le vide.

Houbraken rapporte qu'un singe qu'avait Rembrandt, étant venu à mourir comme il était en train de peindre un portrait de famille, rien ne put l'empêcher d'introduire dans le tableau la figure de l'animal, à la juste indignation de ces honnêtes personnes. Cette fable résume assez bien la mésintelligence qui ne pouvait tarder à brouiller l'artiste et le public. Rembrandt était trop « différent. » Le fond de l'esthétique bourgeoise est l'amour du fini. Le peintre hollandais typique, tel qu'il nous est connu grâce à Vermeer et à Gérard Dow, est un homme rangé, méticuleux, patient, et d'une propreté ! L'atelier, éclairé par le jour froid et comme impersonnel du Nord, est en ordre comme une cabine de navire. Tout est luisant, poli, lustré, nacré, même la peinture. Gérard Dow va jusqu'à peindre dans sa maison à l'ombre d'un petit parasol, pour protéger son panneau frais des poussières aériennes. Et un jour que Sandrart lui faisait compliment du merveilleux rendu d'un balai,

« grand comme l'ongle, » et dont chaque brin était visible, l'artiste répondit qu'il y avait encore sur ce petit morceau pour trois jours de travail. Avec Rembrandt, c'est autre chose. Chez lui, d'abord, c'est le chaos. Lui-même a l'air d'un Boer, vêtu en ouvrier, sanglé — un peu comme Tolstoï, — d'un ceinturon de cuir, coiffé d'un feutre gras ou d'un mouchoir en serre-tête : sordide avec cela, et le dés bariolé de balafres multicolores, parce qu'il essuie ses brosses au derrière de sa blouse. Il fallait voir que devant lui quelqu'un, pour admirer, mît le nez sur sa peinture ! « Prenez garde, ricanait-il, cela ne vaut rien à respirer ! » Il prétendait d'ailleurs qu'un tableau est « fini » dès que l'auteur a dit ce qu'il avait à dire. Et quand on critiquait ses amas de couleurs, il répliquait rudement : « Suis-je un peintre ou un teinturier ? » Ses dernières œuvres n'ont plus de nom dans la peinture. L'action est nulle. Les gestes respirent une inertie, une torpeur étranges. Le décor, l'entourage, le moment disparaissent. Une indifférence absolue pour tout ce qui n'est pas le « ton » s'empare du peintre sexagénaire. Sa vue baisse. de tout le vocabulaire il ne retient que cet élément : la tâche. Sur son portrait du Louvre, sa palette n'est plus chargée que de deux couleurs : une laque sanglante et du jaune. Ses méthodes échappent à toutes les formules connues. La moitié de la toile est à peine frottée. Par places, ce sont des empâtements, des coulées de mortier, écrasées au couteau, au torchon, au pouce. Sur ces constructions rugueuses, le pinceau promène des glacis diaphanes, opère avec de telles souplesses et une science si subtile des valeurs, qu'il en résulte des modelés comparables aux reliefs des derniers marbres de Michel-Ange. Aucun peintre n'a su à ce point spiritualiser la matière. Mais il est évident que cette façon de peindre n'a plus aucune chance, de plaire aux amateurs des « porcelaines » de Mieris et de Slingelandt.

Ce n'est pas tout. L'*italianisme* s'était continué pendant tout le cours de la vie de l'artiste. Vers 1650, une génération nouvelle est de retour de Rome. Elle en rapporte les doctrines qu'on y trouve toujours, mais systématisées par un homme de génie, Poussin. L'antique, étudié sur place, fut la règle exclusive du Beau et l'absolu de la raison. L'humanisme romain, puissamment secondé par la lumière française, apparut sous un jour catégorique et impérieux. La tentative de Rembrandt pour « nationaliser » cette poétique universelle sembla décidément une tentative avortée. L'un après l'autre, tous les élèves avaient renié le maître. Vers 1665 il ne lui en restait plus qu'un seul, fils tardif et charmant, le bizarre Aërt van Gelder. Peu à peu, le vieillard continue de s'enfoncer encore dans la mélancolie de l'abandon suprême. Sa compagne meurt. Son fils meurt. Enfin, à soixante-trois ans, le 4 octobre 1669, le grand « hérésiarque » acheva de s'éteindre. Il était si oublié, que personne ne s'en aperçut.

C'est le règne des « linéaires » et des « académiques, » des van der Werff et des Dullaert. Et c'est l'abdication de la grande école hollandaise. On ne se souvient de Rembrandt que pour l'excommunier. De tous ces humanistes et de ces lettrés du jour, pas un n'est capable de voir ce qui avait ravi naguère, la somme d'humanité contenue dans son œuvre. On lui trouve l'esprit « canaille. » On raille cet ignorant et ce mal élevé qui n'en faisait qu'à sa tête, peignait au rebours de tout le monde et qui, en fait d'amours et de beauté idéale, se contentait d'une servante. On s'en prend à son goût des matières gluantes, — Lairesse dit ses « boues, » — à son clair-obscur, à ses clignotantes lueurs. Il est le « noctiluque » et le « chouan » de la peinture. Enfin il est *vieux jeu* : il était bon du temps des fraises tuyautées et des grandes barbes de 1630 ! La grossièreté de l'époque pouvait s'accommoder de ce style populaire et de ce talent brut : mais on sait maintenant ce qu'est la politesse et le bon Ion de l'art. — Et alors, comme Rembrandt n'est plus du tout compris, qu'on perd le souvenir des faits ; comme on ne s'explique plus sa fin énigmatique, qu'elle s'accorde mal avec ce qu'on savait de sa première vogue, et en revanche assez bien avec ses pratiques singulières, on met toutes ces étrangetés en bloc sur le compte de sa bizarrerie. Et une légende se compose. On fit de l'artiste un avare, ce qui était absurde, un extravagant, un maniaque, en quoi on eut moins tort : enfin un primitif, un « homme de la nature, » une espèce de génie velu, hirsute et mal léché, un ours qui aurait eu une palette entre les pattes. Il passa pour le type du naturel tout cru, avant les amendements de l'étude et les ratures de l'éducation. Et il servit d'exemple pour inspirer à ta jeunesse l'horreur de cet état inculte et lamentable.

C'est ainsi que Rembrandt, devant l'opinion, devint le grand contradicteur et la négation vivante de l'idéal classique. Il y en eut pour deux grands siècles à revenir sur ce préjugé. Qui eût été reconnaître sous cette grimace d'Eulenspiegel, l'homme dont les premiers de ses contemporains avaient espéré le « Parrhasius » et l'« Apelles » de leur âge ?

Section II

Or, au moment où ceci se passait en Hollande, une révolution précisément inverse se produit dans nos goûts. Et le naturalisme de Rembrandt, son clair-obscur et sa couleur, qui le font honnir à Amsterdam, vont trouver à Paris leurs partisans et leurs disciples.

On se figure parfois que toute l'opinion française sur l'art hollandais tient, au XVIIe siècle, dans le mot de Louis XIV : « Qu'on ôte de ma vue ces magots ! » Rien n'est plus inexact. Les relations sont continuelles entre les deux pays. Même il y a là-bas toute une colonie à nous, une petite France de Hollande, infiniment intelligente, Descartes, Sealiger, Saumaise, Sorbière, Bayle. Les Pays-Bas alors jouent à peu près le rôle que prendra l'Angleterre dans la jeunesse de Montesquieu. Pour la France de Louis XIV, c'est sous la forme hollandaise que se pose la question des arts et des littératures du Nord. On eut ainsi très tôt chez nous un premier aperçu de la gloire de Rembrandt.

Naturellement, c'est le graveur qui fut d'abord connu. Dès 1631, ses estampes, les *Têtes orientales* et les *Têtes d'études*, sont populaires à Paris. C'est, à la vérité, grâce à un stratagème : elles se vendent, pour des portraits, Racocsy, Gaston de Foix, Philon le Juif, l'Eunuque de Candace et Scandrebec, roi d'Albanie ! C'était ce qu'il fallait aux badauds ; un certain Jacques Langlois, dit Ciartres, se fit une industrie de cet innocent maquillage. Mais il y a aussi un petit cercle de curieux que l'art de Rembrandt intéresse. On voit un *Balaam* de sa main chez Lopez, agent de Mazarin en Hollande, un fripon qui avait du goût : il possédait encore l'*Arioste* de Titien et le *Castiglione* de Raphaël. Et le nom de l'artiste s'écrit de cinq ou six manières différentes, Rhinbrandt, Rambran, Rainbrant, mais on le prononce et on l'écrit. Et on ne mesure pas son génie dans toute sa profondeur, mais on le trouve amusant : c'est un original qui divertit les dilettantes. L'abbé de Marolles goûte ses « caprices. » Et Samuel Sorbière, dans un très brillant paradoxe sur Scarron, lui compare spirituellement les « grifonages » et les « crotesques » de Callot, de Rembrandt et autres « touches hardies, » dont le vulgaire ne fait que rire, mais où les connaisseurs distinguent mille pensées exquises, et les « raisonnements d'une liante philosophie. » Il en parle comme La Bruyère fera de Rabelais : ce n'est pas une injure. Et Victor Hugo même pense encore comme Sorbière, lorsqu'il fait de Scarron et de Rembrandt deux « Mages. » Il est seulement plus pontifiant.

Ainsi Rembrandt, de son vivant même et en pleine période classique, a déjà commencé à prendre pied en France. Il est tout prêt à s'emparer d'un rôle plus important. L'occasion ne se fit pas attendre. Sainte-Beuve a comparé le XVIIe siècle à un pont, aux arches majestueuses, décoré de sévères statues ; et tandis que là-haut, dans cette noble perspective, passe avec toute sa pompe le cortège du grand règne, par-dessous ne cesse de couler le courant des idées ennemies, qui semblent un moment vaincues, mais qui vont reparaître tout à l'heure au grand jour, et former le torrent du XVIIIe siècle. Dès 1680, on assiste à un retour offensif du libertinage. Et les doctrines nouvelles éclatent avec ampleur, avant la fin du siècle, dans la fameuse querelle des Anciens et des Modernes, où la notion de progrès finit par renverser l'idée de tradition. On observe dans les arts une crise toute semblable : les peintres, eux aussi, eurent leur querelle des Anciens. Pendant trente ans, on se disputa entre « Rubénistes » et « Poussinistes, » entre fanatiques de la *Vie de Marie de Médicis* et champions des *Sept Sacremens*. Finalement, la victoire demeura aux premiers. De toutes parts la pensée classique recule en désordre à la fois. A la mort de Le Brun, en 1692, sa déroute est déjà complète. Watteau est un sujet de Louis XIV : il lui survit six ans, tout juste. Toute cette fin de règne ressemble à une débâcle, à un immense dégel. Une impatience de jouir, un dissolvant de volupté, en ces années de deuil et de déclin du régime, se répandent dans l'air. On dirait un printemps qui rompt sa rigoureuse écorce et sa gaine d'hiver. Le vieux roi même se déride à ce frisson de renouveau. Lorsqu'on lui soumit les projets des peintures pour l'Orangerie, à Versailles, il les renvoya aux auteurs avec celle note : « Tout cela est trop sérieux. Je veux de la jeunesse dans tout ce qu'on fera. » Et lui aussi, il abdiquait !

Ce qui fit de Rembrandt le maître un peu inattendu de cette bande d'épicuriens, c'est qu'il était merveilleusement peintre. Jusqu'alors l'école française n'était qu'une école de dessin. Elle s'apercevait tout à coup que « peindre » signifie se servir de couleurs. Or, la couleur est l'élément sensuel de la peinture. Mettre dans l'exécution l'essence du plaisir esthétique, c'est probablement être dans le vrai. Mais c'est faire consister ce plaisir dans la sensation agréable. Les classiques en auraient rougi. Puis, ce que gagne d'activité la sensation ou la couleur est pris aux dépens des idées. Tout l'art du XVIIIe siècle trahit une dépression de la pensée. Après l'immense effort de la raison classique, on arrive à une lassitude infinie de l'esprit, à une sorte d'anémie cérébrale. La frivolité du jeune siècle est le grand *ouf* ! qui suit ce surmenage d'idéal. La peinture décorative n'est plus qu'une apothéose d'opéra ou une grande charade. Et la vogue du « genre » commence. On ne demande plus aux actions si elles sont illustres. La nuance se perd entre ce qui est historique et ce qui ne l'est pas. Comme l'objet de l'art n'est plus l'expression des idées, que la peinture donne du prix à tout ce qu'elle imite, il s'ensuit que le sujet n'a plus grande importance. Même une certaine humilité n'est pas faite pour déplaire. Watteau devient célèbre avec ses *Fêtes galantes*. Chardin est reconnu pour le premier peintre de son siècle, et n'est qu'un peintre de nature morte et de scènes bourgeoises. Le goût s'élargit, perd de sa morgue et de ses grands airs. On découvre dans le monde beaucoup de choses qui ne se trouvent pas dans les statues antiques, et n'en sont pas moins dignes du regard des peintres et du souci de l'art.

La transformation des mœurs aide singulièrement ici la besogne des artistes. La « Cour » cesse d'éclipser ou d'absorber la « Ville. » L'art n'est plus exclusivement un service d'Etat. L'héroïque, le pompeux tombent en désuétude. Un particulier n'a que faire des *Actes des Apôtres* ou de l'*Histoire d'Alexandre*. Le cadre même de la vie, la maison ou l'hôtel, se réduisent à des proportions plus intimes. Il y a maintenant un art moins ambitieux que l'autre, fait pour la vie privée, et à sa ressemblance. Le goût, pendant trois quarts de siècle, devient presque tout hollandais. « Nous avons tort peut-être, disait un curieux, mais nous aimons ces sortes de pièces qui nous représentent au vrai ce que nous sommes dans l'habitude de voir tous les jours. Nous y reconnaissons les usages, les plaisirs et le *tracas* de nos paysans. Ils sont peints selon leur nature, nous croyons les voir et les entendre, tout y parle, voilà ce qui nous séduit. » Ces paroles sont d'un Hollandais, mais c'est Gersaint qui les rapporte, Gersaint, l'ami de Watteau, son marchand et presque son apôtre. Et toute la France d'alors pense comme Watteau et comme Gersaint. Depuis la comtesse de Verrue, la « Dame de Volupté, » qui en inaugura la mode, jusqu'à Choiseul, Boisset, Calonne, toutes les grandes collections du siècle ne consistent qu'en peintures flamandes et hollandaises. Les Pays-Bas sont le Paradis de la curiosité. L'Italie ne fait plus ses frais. On s'avoue que depuis cent ans il ne s'y peint plus rien qui vaille. En fait de chefs-d'œuvre, tout ce qui pouvait s'emporter, n'y est plus : tout est déménagé, hors ce qui tient aux murs, et le goût s'en détourne ou achève de se blaser. Rappelez-vous la visite de Candide au seigneur Pococurante, et ce qu'il lui entend reprocher à ses Raphaëls : « On dit que c'est ce qu'il y a de plus beau en Italie, mais ils ne me plaisent pas du tout. La couleur en est très rembrunie, les figures ne sont pas assez arrondies et ne sortent point assez ; les draperies ne ressemblent en rien à une étoile ; en un mot, je ne trouve point là une imitation vraie de la nature. Je n'aimerai un tableau que quand je croirai voir la nature elle-même. » Tel est le sentiment du siècle, et la Hollande le satisfait.

Il n'est pas facile de dire quel est, dans cette révolution, le rôle personnel de Rembrandt, ni dans quelle mesure il y est effet ou cause. Mais il est très considérable. Et bien qu'à l'origine Rubens soit seul en scène, bien qu'on ne distingue pas la Flandre de la Hollande, — pour tout le XVIIIe siècle, Rembrandt est un « flamand », — il semble que, pour rester un peu dans la coulisse, le compère d'Amsterdam n'ait guère été moins important que le ténor d'Anvers. Le chef des « Rubénistes, » de Piles, avait été longtemps prisonnier d'Etat en Hollande, et il en rapporta l'*Hendrickje Stoffels* du Louvre, un morceau qui, dit-il, « met à bas » ceux des plus grands maîtres. Si les peintres d'histoire et de grandes « machines, » Lafosse, de Troy, Coypel, Lemoyne s'inspirent plutôt de Rubens, la peinture de chevalet, le portrait sont la vraie gloire de l'époque, et c'est le domaine de Rembrandt. Ici les preuves surabondent : on n'a qu'à pêcher au hasard. C'est le portraitiste Rigaud qui possède sept tableaux du maître, — et Joshua Reynolds en réunit autant, — sans parler des copies qu'ils en avaient pu faire : on s'en apercevrait à leur manière de peindre, de distribuer les ombres sur un visage humain, et de concentrer sur un point l'attention et la lumière. Il y a même de Rigaud une *Présentation au temple*, une œuvre tout à fait curieuse avec son tumulte de draperies, son estrade, son rayon tombant obliquement sur une scène de miniature, démesurément agrandie par les pénombres environnantes, et qui serait inexplicable sans des modèles aussi formels que l'estampe de *Médée*. Largillière, plutôt « Rubéniste, » s'est souvenu un jour très ostensiblement du motif des *Trois Croix*. Sa *Jardinière* de Santerre est une variante à peine dissimulée de la *Flore* de l'Ermitage ; et sa *Vénitienne* porte, dans la façon de créer sur les traits des accidents de clair-obscur, la trace indéniable d'une même origine. Pendant une cinquantaine d'années, on « rembrandtise » à qui mieux mieux dans l'école française. Visible ou latent, le « Rembrandt des brumes chaudes » hante continuellement l'imagination des peintres. Il obsède Jean Raoux, dans ses agréables *Liseuses*, Grimou, dont le *Jeune capitaine* fait si bien, avec sa moue molle et son air un peu fille, sur le fond fortement roussi où tremble son aigrette. Il préoccupe Louis de Boullogne, qui expose en 1704 une tête « dans le goût de Rembrandt » et Michel Jacques Serre, qui présente à l'Académie une *Bacchante* désignée de même. Et Chardin, qui se fait « agréer » par surprise avec deux morceaux que Largillière prend pour « deux bonnes peintures flamandes » et qui, en 1737, envoie au Salon un *Chimiste en son laboratoire*, « dans la manière de Rembrandt ! » Chardin, si exquis ouvrier, si onctueux, si copieux, si abondant en ses petits cadres, si épris des matières lourdes, si savant à en dégager des finesses et de l'âme ! Il n'est pas jusqu'à ce polisson de Boucher qui ne recherche, pour leur « ragoût, » les belles épreuves et les dessins originaux du maître ; et son minuscule *Atelier* de la galerie La Caze le montre, au moins une fois, en flagrant délit d'imitation hollandaise. Du Rembrandt, on en trouverait chez Fragonard lui-même, dans des esquisses peu connues, les *Trois Arbres*, le *Moulin à vent de Hollande*, la *Garde de nuit*, la *Garde bourgeoise*, ou dans les œuvres les plus célèbres, si, abstraction faite du sujet, le *Chiffre d'amour*, par exemple, et le *Matin de Pâques* de Buckingham-Palace font sur la toile une « tache » à peu près identique ; et cet autre vaurien de Deshays, le gendre de Boucher, ne conservait-il pas, de la main de Frago, une copie de la *Danaé* de Rembrandt ? Reynolds n'invente rien, il constate simplement les faits lorsque, dans son *Voyage aux Pays-Bas*, il appelle la Hollande, — et la Hollande, c'est Rembrandt, — l' « école » de la peinture.

Seulement, ce qui est tout à fait singulier, c'est que, devant tous ces gens-là, Rembrandt passe invariablement pour un pur réaliste. On le regarde un peu comme le Courbet du temps. C'est un praticien hors ligne, incomparable pour l'« artifice » du clair-obscur, et maître souverain de toutes les ressources du pinceau : passé cela, nul ne soupçonne l'originalité de cette âme profonde. C'est ainsi que Louis XIV achète le mélancolique *Rembrandt à la serviette*, Louis XV le *Tobie*, Louis XVI les *Philosophes*, le *Bon Samaritain*, les *Pèlerins d'Emmaüs* ; et rien ne prouve qu'on ait vu là autre chose que de beaux éclairages ou des paysanneries affublées de titres bibliques. Diderot cite une fois Rembrandt, pêle-mêle avec Ostade et Téniers, et préfère Téniers. Voltaire écrit sans sourciller : « Raoux, peintre inégal ; quand il a réussi, il a égalé le Rembrandt, » et Mariette dit d'un Alexis Grimou : « Il a été regardé comme un second Rembrandt : mais il n'a pas été plus loin. » Peut-être la note la plus exacte de l'admiration du temps nous est-elle donnée par un autre portraitiste de génie, qui procède, lui aussi, par grands empâtements heurtés et par effets soudains : je parle de Saint-Simon, en son portrait du maréchal d'Huxelles, qui ressemblait, dit-il, « à ces gros brutaux de marchands de bœufs, » et qui, grâce à sa lourde tête offusquée d'une vaste perruque, passait pour une bonne tête, « meilleure toutefois à peindre par le Rembrandt pour une tête forte, qu'à consulter. »

Voyez d'ailleurs les sobriquets qu'on impose, au petit bonheur, aux portraits de l'artiste : le *Cuisinier de Rembrandt*, la *Crasseuse*, etc. On le prend pour un auteur poissard ! C'est le style de Mme Angot et de Mylord Arsouille. Et cette impression vulgaire, cette odeur « peuple » qu'on lui trouve, sont certainement une des raisons qui le mettent à la mode, comme il est élégant d'aller souper aux Porcherons et d'écrire le jargon des Halles. Mais quel mépris pour la canaille, dans cette façon de s'encanailler ! Enfin, on continue de le juger très laid. On estime ses œuvres uniquement par amour de la chose bien peinte, et malgré le dégoût qu'inspire l'objet même. Gersaint, qui est l'auteur du premier catalogue des eaux-fortes du maître, ne peut pas s'expliquer son obstination à faire des figures nues : « Je ne crois pas, dit-il, qu'on puisse en citer une qui ne soit désagréable à l'œil. » Et Reynolds, à propos d'une étude de *Suzanne* : « C'est la troisième que je vois pour le même sujet. Et il est surprenant que l'auteur ait pris tant de peine pour accoucher à la fin d'une figure si affreuse et si disgraciée. Mais il s'intéressait surtout à la couleur et à l'effet. »

Aussi, dès qu'il se produisit une réaction contre les Ana-créons d'éventails et les érotiques de boudoir, Rembrandt se trouva-t-il de la première « charrette » avec le ci-devant Boucher, et pour les mêmes raisons que lui. Ils représentaient tous les deux, à des degrés divers, la corruption de l'art, le sybaritisme de la couleur. Ils étaient également éloignés du style simple, du beau simple, des formes simples. Ils étaient pareillement impurs. Et l'on sait comment cette recherche de la pureté conduisit à remettre en honneur des écoles archaïques. David trouvait déjà Phidias suspect de décadence ; et dans son atelier, dès l'époque du Consulat, il y avait un groupe de Préraphaélites. Les Préraphaélites n'ont jamais eu assez de sarcasmes pour Rubens et Rembrandt. Mais c'est surtout en Angleterre que leur doctrine fit fortune. William Blake, l'illuminé si fort à la mode aujourd'hui, — il illustrait lui-même ses élucubrations, et l'on dirait du Michel-Ange copié par Jocrisse, — Blake appelle ces deux maîtres « une paire de brutes » (*two manifest fools*). L'épigramme suivante n'est pas très distinguée, mais elle est significative :

Je demandais à mon ami Prig : « Quelle est la première partie de l'orateur ? » — Il répondit : « Une grande perruque. » — « Et la seconde ? » Il fit un pas de gigue, et avec une révérence, repartit : « Une grande perruque. » — « Mais la troisième ? » — Il ronfla comme un porc, enfla les joues et dit : « Une grande perruque. »

Demandez à un grand peintre (Reynolds) quelle est la première partie de la peinture ? Il vous répondra : « Une brosse. » (On voit le mouvement. La deuxième ? Encore une brosse. Et la dernière ? Toujours une brosse.) Et il conclut : « La brosse fait le peintre, soit : mais ce ne sera jamais qu'un Rembrandt. »

Et Ruskin raisonne comme Blake. Rembrandt, pour ce spiritualiste, n'est qu'un « tempérament, » une machine à peindre.

Et Ruskin lui intente intrépidement un procès d'athéisme. « La vulgarité, l'épaisseur d'esprit, l'impiété s'exprimeront toujours en art par des bruns et des gris, comme chez Rembrandt, Caravage, Salvalor. » Et voilà l'auteur du *Sacrifice de Manoé* et de la *Pièce aux cent florins* damné sans miséricorde pour crime de « matérialisme, » *unspirituality.* Théologie, ce sont là de tes coups ! Et cependant Ruskin s'entend parfaitement ici avec Voltaire : l'un et l'autre ne découvrent dans Rembrandt que le « réaliste. » Mais l'un blâme ce que l'autre loue.

Section III

Ainsi, depuis le XVIIe siècle, on n'a vu chez Rembrandt que l'écorce de son art. C'est au romantisme qu'il était réservé de faire un pas de plus et de découvrir laine sous son enveloppe de matière. Il n'y réussit pas sans une foule de contresens qui embrouillèrent pour longtemps l'exégèse du maître. Mais il lui rendit le service d'en faire une figure singulièrement considérable.

D'ailleurs, et contre toute attente, les peintres romantiques s'inspirent très peu de Rembrandt. Il est, à leur gré, trop intime, trop bourgeois. Delacroix n'a jamais reconnu qu'un maître, Rubens et, à travers Rubens, Véronèse. Quant aux écrivains, c'est une surprise que leur silence. Gœthe n'a consacré qu'une page à une eau-forte, et la page n'est pas heureuse. Hugo n'a que quelques allusions insignifiantes. Et pourtant, le romantisme marque une étape décisive dans l'histoire de la gloire du maître. Il a renouvelé la conception de l'art. Il a bouleversé la notion de l'idéal, donné une définition inouïe de la beauté. Il prépare l'apothéose qui éclatera un peu plus tard.

L'idée-mère du romantisme est d'avoir, avec une netteté jusqu'alors inédite, formulé la loi du progrès ou de l'évolution des arts. Il a introduit dans la catégorie du Beau la notion du relatif. Il a proclamé l'existence d'une beauté moderne, aussi différente de l'antique que le christianisme du paganisme. Et cette beauté moderne s'exprime spécialement en art par la peinture. Le romantisme est dans l'ensemble une révolution de la couleur. Voici comment. La sculpture est un art presque fatalement païen. Elle

tend vers un idéal de perfection physique, vers une idolâtrie de
l'animal humain. Le génie romantique cesse d'être « sculptural, » il
devient « pittoresque. » L'idéal, dès lors, n'est nullement la beauté :
la laideur peut être pittoresque. Ou plutôt, il n'y a plus ni beauté,
ni laideur : la forme ne compte plus, elle est ce qu'elle peut, on
la prend telle qu'on la trouve ; corriger, châtier, ennoblir, sont des
mots qui perdent leur sens. Tout a sa place dans cet art parfaitement
égalitaire. Et il est, en un sens, rigoureusement réaliste, mais c'est
en même temps le plus idéaliste de tous, puisque le réel n'y vaut
que par la somme de spiritualité, par la quantité d'âme que l'artiste
saura, soit en dégager, soit y mettre. La beauté romantique n'a rien
de matériel : elle est, connue notre religion, morale et spiritualiste.
Et enfin cette beauté moderne est en particulier une conception
germanique. Les races latines sont classiques. Celles du Nord,
au contraire, sont moins éprises de clarté que de profondeur et
de mystère. Elles ont créé dans tous les arts des formes moins
arrêtées et plus flottantes que les nôtres : pour tragédie, elles ont le
drame ; au lieu de l'ode, elles ont le lied. En religion, elles ont fait
la Réforme. Et Rembrandt, huguenot, de sang germanique, peintre
de la laideur et poète crépusculaire, cumulait vraiment tous les
signes d'une vocation romantique.

Seulement, toutes ces idées sommeillaient dans les livres. Il fallut
un grand bruit pour réveiller ce monde de rêves, le faire sortir des
nuées et le précipiter dans les faits. Ce fut le rôle de la secousse
de 1S4S. Du coup, le romantisme devenait action. Le quatrième
Etat intervenait pour offrir à l'art un objet à spiritualiser. Jacques
Bonhomme se présentait au monde bourgeois comme le type du
beau moderne. Alors on vit s'avancer, comme un grand revenant
de l'ombre et de la pitié, suivi d'une escorte infinie de mendiants, de
vagabonds, de malades et de loqueteux, un Rembrandt inconnu,
saignant, dolent et doux. Il ressemblait à quelque saint Vincent de
Paul de l'art. Et il avait aussi quelque chose d'Eugène Sue. Il était le
peintre des humbles, des sans-gîte et des va-nu-pieds ; son œuvre
psalmodiait la grande chanson des gueux, l'Evangile de la douleur.
En lui s'incarnait la conscience du mal universel, la vaste angoisse
des *Misérables*, la charité mystique de la *Maison des morts*. Il était
l'apôtre profond de la souffrance humaine. Il était saint-simonien,
fouriériste et humanitaire. Il devint le maître et le Messie du nouvel

art.

Les peintres, à la vérité, devant cet auxiliaire qui leur tombait du ciel, demeurèrent circonspects. Le seul Fantin-Latour s'évertua, sans grand succès, à faire revivre la donnée de l'*Anatomie* et des *Syndics*. Les écrivains, au contraire, ne se possédèrent plus. A se reconnaître tout à coup dans le miroir d'une œuvre vieille de deux cents années, ils perdirent un peu la tête. Une sorcellerie, une magie parut s'exhaler de cette œuvre. C'est depuis ce moment qu'à propos de l'artiste on ne se croit pas défendu de déraisonner doucement. La critique ne se piqua plus de garder son sang-froid, et un état de vague délire, en parlant du maître de la *Ronde*, sembla faire partie des convenances du sujet. On ne se doute pas de ce que Michelet voit dans le beau tableau du Louvre, — il dit le « lugubre tableau de 1648 » — les *Pèlerins d'Emmaüs* : il y trouve le symbole de la détresse de l'Europe après la paix de Westphalie. Il y voit le diable, — sans métaphore : c'est le chien, couché sous la table, le museau sur les pattes, en bon chien de chrétien qu'il est. Ce chien devient un « affreux dogue, » qui « rit, grince et gronde, » et il a certes sujet de rire ; car « le monde lui appartient. » Il faut bien toutefois qu'il y ait dans ces idées, encore qu'elles n'aient pas toujours le sens commun, quelque chose de fort, de contagieux et même de vrai, puisqu'elles sont partout à la fois, dans toute la littérature, de Bürger à Vitet, de Charles Blanc à Montégut, et puisque Taine enfin, dans une page célèbre de la *Philosophie de l'art*, leur donne leur expression dogmatique et complète.

Les Grecs et les Italiens n'avaient connu de l'homme et de la vie que les pousses les plus droites et les plus hautes, la fleur saine qui s'épanouit dans la lumière : Rembrandt en a vu la souche, tout ce qui rampe et moisit dans l'ombre, les avortons déformés et rabougris, le peuple obscur des pauvres, la juiverie d'Amsterdam, la populace fangeuse d'une grande ville et d'un mauvais climat, le gueux bancal, la vieille idiote bouffie, le crâne chauve de l'artiste usé… Une fois sur cette voie, il a pu comprendre la religion de la douleur, le christianisme véritable, interpréter la Bible comme l'aurait fait un hollard, retrouver le Christ éternel… Lui-même, par contre-coup, il a senti la pitié ; à côté des autres qui semblent des peintres d'aristocratie, il est peuple ; du moins il est le plus humain de tous ; ses sympathies plus larges embrassent la nature plus à fond ; aucune laideur ne lui répugne aucun besoin de joie ou de noblesse ne lui dissimule aucun bas-fond de la vérité…

Ce qui communique la vie à cet admirable portrait, ce qui a fait de Rembrandt, une fois ainsi compris, le plus émouvant des artistes et le plus populaire, c'est l'idée qu'il existe une beauté sociale, et que Rembrandt en est le père. Et sans doute ceci donna lieu à d'étranges équivoques. On vit Courbet faire de son art une menace contre l'Empire, et Millet malgré lui passer pour un « partageux. » Il y eut un art républicain et un art qui ne l'était pas. Rien ne nous agace, aujourd'hui, comme cette confusion de l'art et de la politique. Mais, pourquoi n'y aurait-il pas là, parmi beaucoup d'abus, un fonds de vérité ? On pourrait soutenir, comme le veut Guyau, que le progrès de l'art est une « extension de la sociabilité esthétique, » c'est-à-dire un développement de la sympathie. Plus l'art avance, moins il a de dédains, moins il trouve d'objets indignes de son intérêt. Vasari, parlant de Giotto, a un mot remarquable : « Personne, dit-il, avant lui, n'avait donné tant de *bonté* à ses visages. » Les premiers hommes ont consacré leurs poèmes aux dieux ; sur les bas-reliefs de Suse et de Memphis, le roi est un géant, ayant quatre ou cinq fois la taille de l'humanité vile qui fourmille à ses pieds. Nous nous faisons de la grandeur une idée moins enfantine. Nous savons que, pour être grand, il suffit d'être bien quelqu'un, n'importe qui, l'être le plus humble. Aucune créature, fût-ce la plus accomplie, n'est capable d'enfermer ou de représenter l'Infini. Mais il n'en est aucune, si déshéritée, si dénuée de grâce par elle-même, qui ne puisse le refléter, et sur laquelle le génie, par un acte d'amour, ne puisse, s'il lui plaît, répandre la poésie.

Il ne faut donc pas trop sourire d'une méprise, si c'en est une, après tout généreuse, et à laquelle Rembrandt doit le meilleur de sa gloire. Il ne faut pas non plus en être trop les dupes. Si proche de nous qu'on fasse l'artiste à cet égard, il est impossible de prêter absolument à un Hollandais du XVIIe siècle des pensées ou des sentiments du nôtre. L'anachronisme est insoutenable. Et puis, comme cette figure d'apôtre manque de nuances ! On nous dit que Rembrandt est « peuple. » Mais il ne l'a pas toujours été ! Il a eu sa crise de dandysme, lorsqu'on le voit fringuer, piaffer, narguer, se grimer en capitaine, asseoir, comme dans le tableau de Dresde, sa femme sur ses genoux, et faire sonner haut le tapage de sa fortune.

On exagère la part du pessimisme dans son œuvre. Rembrandt n'a pas toujours désespéré de la vie. Une foule de ses tableaux sont un hymne à la joie. Prétendre qu'il n'a eu ni besoin de noblesse, ni besoin de beauté, quelle erreur ! et quel artiste les ignore ? Rembrandt est fou de luxe, de parures, de beaux atours, des choses précieuses qui ajoutent des grâces à la vie. Voyez ses portraits de Saskia : ils ruissellent de joyaux, de fleurs ; et quelles étoffes, quels brocarts, quelles fourrures, quelles aigrettes ! La beauté ? mais il l'adorait. Les femmes ? Il en a eu trois : et ce ne serait pas là un amoureux ! A quel moment de son existence a-t-il pu se passer d'une atmosphère de caresses ? Son art est le flagrant aveu de sa sensualité.

Corps féminin qui tant es tendre,

Poli, souef et gracieux…

Qui l'a exprimé comme lui, par plus de délicatesses, de rondeurs, d'élasticités, avec un tel amour des substances et de la vie ? Sans doute Saskia ni Hendrickje ne sont point des beautés correctes : mais n'ont-elles pas leur charme, lequel a bien son prix, même après la *Joconde* ? Pels leur reproche de conserver aux genoux, dans l'immortalité de l'art, les traces « honteuses » de leurs jarretières ; est-ce donc un crime d'être une vivante ? On a parlé de ces « maritornes. » et il est vrai qu'il y a dans quelques-unes de ces figures un parti pris de crudité qui ressemble à de la colère. Gersaint écrit de l'une d'elles qu'elle est un « vray remède d'amour ». Qui sait si un scrupule, un repentir religieux n'a pas inspiré à l'artiste ces images féroces où il a détaillé, comme pour se guérir de sa concupiscence, les misères et les châtiments de la forme déchue ?

Certes, Rembrandt a péché surabondamment par orgueil de la vie. Ses estropiés, ses éclopés, ses béquillards, sont la formule courante et le répertoire de la peinture depuis la fin du XVIe siècle. Il s'agissait de sortir du bas-relief herculéen de Michel-Ange et de la *Sixtine*. Caravage inventa le correctif puissant de son naturalisme. Il chercha ses modèles parmi les portefaix et les palefreniers. La langue s'anémiait à force de se sublimer : il la retrempa de locutions populaires, triviales et riches. L'Evangile redevint plébéien. La convention du XVe siècle, perpétuée surtout à Venise, avait permis de concevoir un Nouveau Testament princier, où les premiers rôles sont tenus par les grands de la terre, où Jésus-Christ se montre à table entre l'empereur Charles-Quint et la marquise de Pescaire, et où le texte sacré prend sans impiété un air assez mondain de *Mémoires* de Brantôme. A l'inverse, en vertu de la nouvelle poétique, on admet que plus un corps est tanné, boucané, coriace et rugueux, plus il est propre à figurer un apôtre, un prophète, un archevêque ou un ermite. Saint Jérôme et la Madeleine s'élèvent aux premiers emplois de la peinture. Tel est l'usage universel de Naples à Anvers, de Bologne à Séville, chez Caravage et Valentin, chez Salvator et Ribera, chez Rubens et Jordaens. Il eût été bien surprenant que Rembrandt y eût échappé. On ne s'en tint pas là, et cet argot de métier parut si bien trouvé, qu'on en vint à le traiter pour lui-même et pour le plaisir. On se mit à découvrir la poésie de la crasse, l'esthétique de la guenille et le pittoresque du haillon. Ce n'est pas Rembrandt seul, c'est le XVIIe siècle tout entier qui est « peuple. » Rembrandt n'est pas le premier qui ait aimé les gueux ! Callot les fréquentait avant lui, et Rembrandt connaissait le monde de Callot : c'est celui qui pullule dans la *Pièce aux cent florins*. Murillo a peuplé les musées de *Muchachos* et de *Pouilleux*. Ribera peint le *Pied bot*. Et c'est le plus impassible et le plus serein des génies, le plus imperturbable de tous et le moins porté au rêve, don Diego Rodrigues de Sylvay Velazquez, chambellan de la Cour d'Espagne, qui nous a laissé la plus belle collection connue de fous, de nains, d'idiots, de crétins et de « monstres. »

Il va sans dire que Rembrandt ne serait pas Rembrandt, s'il n'avait mis dans ce lieu commun une âme qui n'est qu'à lui. Mais ne fût-ce que pour la définir, on est bien obligé de le replacer en son temps, pour ne pas s'exposer à lui attribuer en propre ce qui était à tout le monde. De même, il serait imprudent de vouloir faire de ce peintre, qui est peintre avant tout, le docteur trop intransigeant d'un dogme et d'une foi. Proudhon écrit : « Rembrandt, le Luther de la peinture. » Et il est manifeste que, dans les polémiques livrées en son honneur, on distingue sans peine le ferment anticlérical. Pour les ennemis de l'art classique, Rome, c'est sans doute Raphaël, mais c'est aussi le Vatican.

Or, il faut le dire puisque la querelle est devenue en partie une querelle religieuse : on ne sait pas à quoi s'en tenir sur la religion de Rembrandt. Et ce serait un chapitre curieux à écrire. Car sans parler de son inconduite privée, laquelle n'est point d'un rigoriste, et de sa longue persévérance dans un état coupable, qui suppose une conception particulière de ses rapports envers Dieu, on a le droit de douter sérieusement de la nature ou de la qualité de son protestantisme. Ses enfants ont reçu le baptême calviniste. Mais lui-même paraît avoir eu du penchant pour les anabaptistes. Plusieurs l'ont cru memnonite. Plus certainement encore il a passé sa vie à tourner et retourner autour de la Synagogue. Personne n'a jamais si profondément peint la Rible, ni le côté messianique et juif de l'Évangile. On a souvent noté ses relations avec les rabbins, entre autres avec ce Manassé ben Israël, dont il a illustré un livre, et on a pu se demander s'il n'était pas un converti. D'autre part, il est positif que plus d'une de ses œuvres est nuancée de catholicisme. Sa *Sainte Famille* de Munich est exemplaire à cet égard. Son imagination répugnait à un culte aride et sans images. On s'aventure à peine en lui soupçonnant le regret continu de n'avoir pas à faire des tableaux d'autel. Il y a plus. On a depuis quelques années la quasi-certitude que Rembrandt, en 1663, se trouvait en Angleterre. Sans doute il aura essayé de tenter à l'étranger la fortune, qui chez lui ne lui souriait plus. Or, une douzaine de morceaux de cette époque, trois ou quatre têtes de Christ, le sublime *Pèlerin* de la collection Kahn, un *Saint François d'Assise*, la *Nonne* d'Épinal, ont un caractère romain qui inclinerait à croire qu'en chemin, à l'aller ou au retour, Rembrandt a séjourné en Flandre et tâché de s'y accommoder à la religion du pays. Ce serait une question de savoir, pour un théologien, si ses œuvres les plus mystiques, la *Pièce aux cent florins* ou la *Petite tombe*, le *Bon Samaritain* ou les *Pèlerins d'Emmaüs*, par la tendresse de l'effusion, le caractère d'intimité, de confiance qu'elles expriment en la divine Personne, — même par certains signes, comme le mystérieux halo qui remplace le nimbe, — ne sont pas d'un sentiment bien éloigné de la rude orthodoxie de la prédestination. Je ne fais qu'indiquer ces points. Dans ces matières délicates, tout est affaire de mesure. Il faut surtout se garder de prononcer à la légère. La Hollande, aux dernières fêtes, a été mieux inspirée. Pour conserver de la solennité un souvenir durable, une Bible monumentale fut publiée à Amsterdam et illustrée à profusion d'estampes, de dessins et de tableaux du maître. Il fut fait de l'ouvrage une double édition. L'une

suit le texte national du synode de Dordrecht, l'autre se conforme
à la version de la Vulgate. Les images sont identiques dans l'une et
l'autre. Rembrandt reste indivis entre les deux Églises. Par-delà les
inimitiés de confession et de symboles, par-delà la Lettre qui tue,
il a su retrouver l'Esprit qui vivifie et l'amour qui unit les hommes.

Section IV

Qu'on dût un jour soulever à propos de Rembrandt des problèmes
de cet ordre, c'est ce qui eût bien étonné les Français de la Régence,
qui l'avaient regardé comme le plus puissant des praticiens et le
plus borné des réalistes. Mais aussi bien, depuis son avènement
de penseur, on avait vu dans son œuvre une foule de choses,
une philosophie, une religion, une politique, une sociologie : on
n'oubliait que la peinture. Après tant de littérature, il était temps
de parler métier. Était-il vrai que dans ses tableaux il y eût tant
de mystères ? Et s'ils n'y étaient pas par hasard, d'où en venait
l'illusion ? Mais s'ils s'y trouvaient au contraire, en quelle langue
et par quels moyens étaient-ils exprimés ? Quelles étaient au juste,
et en termes de peintre, les idées de l'artiste ? Que nous révèle son
style, de son tempérament et de ses intentions ? C'est à quoi Eugène
Fromentin, un grand peintre qui était un très grand écrivain,
se propose de répondre dans ses *Maîtres d'autrefois*. Le livre est
depuis longtemps classique, et personne mieux que notre maître
Ferdinand Brunetière n'en a indiqué les raisons. Certaines pages
sont célèbres. Et il n'y a rien de plus à dire de quelques-unes d'entre
elles, comme la description des Rembrandt du Louvre, sinon
qu'elles sont dignes des modèles. Sur la personne de l'artiste, ses
habitudes, sa vie, on trouvera peut-être autre chose, on ne trouvera
pas mieux. C'est le dernier mot du portrait.

Ce sont là les morceaux les plus accomplis de cette merveilleuse
étude. Mais ce ne sont ni les plus neufs ni les plus importants.
Le centre de l'enquête est formé par les quelque soixante ou
soixante-dix pages consacrées à l'analyse de la *Ronde de Nuit*. De
cette longue investigation, de cet interrogatoire, qui devient par
instants un véritable réquisitoire, résultent deux idées audacieuses
et essentielles.

Jusqu'alors, et depuis deux siècles, pour ses critiques comme pour ses admirateurs, le nom de Rembrandt était synonyme de coloris. Toutes les disputes auxquelles il avait donné lieu ne roulaient que sur ce point : de savoir quel était dans l'art le rôle et le rang de la couleur. Le réalisme de Rembrandt et toutes ses conséquences n'étaient que des corollaires de ce premier principe. C'est comme coloriste que les académiques l'avaient proscrit de son vivant, c'est comme tel que les « Rubénistes » l'installèrent dans notre école, que David le chassa de la République, et que le romantisme l'y ramena en triomphe. Le clair-obscur même, où excellait l'artiste, était, aux yeux de tous, la supériorité la plus évidente de sa couleur : tant ces deux parties de son art semblaient se tenir entre elles et faire corps ensemble ! Fromentin rompit hardiment avec cette opinion séculaire. Pour lui, non seulement Rembrandt n'est pas, comme on l'a dit, *the most perfect colourist that ever existed*, le plus parfait des coloristes qui aient jamais vécu, mais il ne l'est même pas du tout au véritable sens du mot. C'est un *luminariste*, — tel est le néologisme que forge le critique pour définir le maître, — c'est-à-dire un homme qui sacrifie tout systématiquement à la lumière, vraisemblance, pathétique, naturel, et jusqu'à la couleur, dans l'espoir qu'en revanche la lumière lui rendra au centuple, en puissance fulgurante et en transfigurations, les énormes sacrifices qu'il lui a faits d'abord. Il peint avec de la lumière comme d'autres avec la couleur ou la forme. Elle est si bien pour lui la condition de toute chose, la créatrice unique, l'indispensable raison du beau, qu'au fond Rembrandt n'est pas plus peintre, ni d'une autre manière, dans ses toiles que dans ses eaux-fortes. Ici et là, l'esprit et l'effet sont les mêmes. Et loin d'y avoir union, il y a contradiction intime entre ces deux éléments traditionnels de l'art du maître, le coloris et le clair-obscur.

Un second point sur lequel tout le monde s'accordait, c'est que Rembrandt, par la nature de ses sujets et de son style, était un réaliste. Mais il suit du principe posé par Fromentin qu'il en est justement le contraire. Cet esprit, qu'on croyait tout occupé du monde physique, est en réalité plein de métamorphoses. C'est une sorte d'alchimiste, un chercheur d'absolu, qui se sert du rayon et de l'ombre pour obtenir l'évanouissement complet des apparences, et la transmutation du fait en vision. Le monde réel lui apparaît tel qu'à son docteur Faust se montre le chiffre mystérieux, enveloppé de flammes et d'une cabalistique chevelure de lueurs. Cette matière rayonnante se déforme comme un fer se lord et s'amollit au feu. A force de décomposer, de réduire, d'éliminer les phénomènes, de condenser les choses éparses, il arrive à donner aux choses de ce monde on ne sait quel air de l'autre, qui fait pâlir la vie à côté de ce songe étrange de la vie. Ce peintre n'est qu'un abstracteur, un « curieux de l'être en soi. » Ne le comparez à aucun autre, il ne ressemble à personne, ni à Rubens, ni à Titien, ni à Véronèse, ni à Giorgione, ni à aucun des artistes qui n'ont été que des artistes, bien qu'il soit leur égal, et que dans le surnaturel il ait été aussi fort, aussi solide et aussi mâle que n'importe qui dans le réel. Mais il est seul de son espèce, et sans équivalent dans aucun art plastique : c'est un « idéologue, » c'est-à-dire un homme « dont le domaine est celui des idées et la langue celle des idées. »

Ainsi Rembrandt, parti pour ainsi dire du réalisme pur, s'achevait avec Fromentin en pur visionnaire. Etait-il, du reste, le penseur qu'on disait, surtout le *nabi* mystique et le rêveur humanitaire ? Avait-il vraiment bien conçu le christianisme éternel et la religion de la souffrance humaine ? La théorie du clair-obscur répondait à tout cela. C'est ce « bain d'ombre, » où toutes les formes apparaissent à l'état de phosphorescences, c'est le jour incertain, la lumière de cave ou de geôle où se complaît le maître, ce sont toutes ces demi-ténèbres qui avaient permis les interprétations touchantes et les méprises sentimentales. Tout ce crépuscule invitait aux hypothèses profondes. Fromentin, sans en être dupe, ne les contredit pas : il se Rome à donner de toutes ces choses littéraires une raison pittoresque et une formule technique. Et d'autre part, Rembrandt, qui avait commencé, au XVIIe siècle, par être tenu pour une doublure un peu grossière de Rubens, mais un coloriste parmi les autres, finissait, dans cette curieuse évolution de sa mémoire, par se détacher complètement de tout le reste des peintres. Fromentin achevait, par des raisons de métier, de le fortifier dans cette situation singulière, d'en faire un être à part, une exception, une espèce de météore et de « solipse. »

Section V

On voit le chemin parcouru en deux siècles : toutes les opinions primitives sont renversées. Pas une ne demeure intacte. Chacune des qualifications qu'on avait données à Rembrandt est finalement remplacée par la qualification contraire. Ce truand, ce « grotesque » ou cet excentrique du début, est devenu le grand magicien de l'amour et le prince du mystère ; ce peintre et ce coloriste se transforme en poète taciturne et solitaire de l'ombre ; ce matérialiste, ce trivial est le grand spiritualiste et le profond connaisseur de la beauté morale. Et enfin ce failli, ce demi-paria, si longtemps dédaigné, incompris même de ceux qui disaient l'admirer, est devenu peu à peu le plus grand nom de la peinture.

Si l'intérêt qu'excite une œuvre se mesure à la somme des travaux qu'elle fait naître, on peut dire que, depuis trente ans, il n'y a pas d'artiste qui le dispute à Rembrandt. D'autres sont peut-être consultés davantage. Franz Hais et Velasquez ont été certainement plus écoutés des peintres. Mais personne ne s'est vu plus étudié que Rembrandt. Depuis le travail de Vossmaer et l'ouvrage capital de M. Emile Michel, c'est une bibliothèque qui serait à énumérer, si l'on se proposait de faire une bibliographie du maître. Une Revue spéciale s'est créée pour les questions d'art hollandais, et à moitié remplie de documents nouveaux sur Rembrandt. Chose plus utile encore : un double *Corpus*, édité par les soins des docteurs Bode et H. de Grodt, réunit chronologiquement les reproductions de toutes ses œuvres subsistantes, peintures et dessins. Le dernier volume vient de paraître cet été. Jamais admiration n'a été plus ardente, ni piété plus populaire ; mais jamais, en même temps, elle n'a été plus objective et plus savante.

Et à mesure que la connaissance du maître se faisait plus intime, plus éclairée et plus critique, voici que sa figure changeait encore une fois d'aspect. Depuis l'origine de sa réputation, au temps des, Rubénistes comme à l'époque du romantisme, quelque opinion qu'on eût de Rembrandt, que l'on fût pour ou contre lui, un point était acquis, et il résumait tous les autres : c'est qu'il était décidément, essentiellement anti-romain, ennemi de tout art classique. On en avait, dans toutes les luttes entre classiques et modernes, trouvé chaque fois de nouvelles raisons. Fromentin venait d'en parachever la démonstration. C'est précisément cette idée si bien établie, cette proverbiale antithèse de Rembrandt et de Raphaël qui commencent à s'évanouir.

On partait toujours de ce fait que Rembrandt n'a jamais été en Italie et qu'au rebours des « romanistes » de l'époque précédente, il n'a été qu'un autochtone. On oublie que la circonstance pourrait tout bonnement tenir à son mariage. Puis, il avait alors, tout jeune, une clientèle, de la gloire : il eût fallu de l'héroïsme pour sacrifier tant de biens. Au surplus, ce sont là des points secondaires. L'important est que Rembrandt n'ignorait rien de l'Italie. Ses deux maîtres, Schwanenburg et Lastman, étaient deux romanistes. Lui-même, dans ce musée qu'on a pris pour un débarras et un capharnaüm, il possédait deux Raphaëls. Il avait des Carraches, des Guides, un Palma, un Giorgione. Il avait un *Amour dormant* de Michel-Ange. Pas une œuvre importante qui ne lui fût connue par un dessin ou une estampe. On raconte qu'un jour, comme on lui reprochait de ne pas connaître Rome, il montra ses vieilles nippes, en disant : « Voilà mes antiques ! » On a toujours rapporté ce mot, de confiance, sans remarquer que Rembrandt possédait plus de cinquante moulages antiques. Son *Homère* de la Haye a les traits du buste de Naples. Et on ne soupçonne pas l'emploi que le maître faisait de tous ces matériaux. Dans son estampe la plus fameuse, la *Pièce aux cent florins*, il y a au moins deux emprunts reconnaissables : saint Pierre a la tête de Socrate, et son voisin, le pharisien, l'homme au bonnet de loutre, est l'*Erasme* d'Holbein. Et combien d'autres souvenirs, de Rubens ou de Titien, de Véronèse ou de van Dyck ! Ce peintre, qu'on dit un réfractaire, est à ce point impressionnable et à l'affût de toute chose, qu'on ne peut dire jusqu'où ne s'étend pas son braconnage. Voici la *Cène* de Léonard, voici la *Calomnie* d'Andréa Mantegna, toutes deux copiées de sa main. Dans les deux *Leçons d'anatomie*, celle du docteur Tulp et celle du docteur Deyman, il utilise deux fois, à vingt-cinq ans d'intervalle, le *Christ* en raccourci, du même Mantegna, au musée de Milan ; et la seconde imitation, la plus originale, est en même temps la plus textuelle. Même dans une vente et dans l'instantané et le brouhaha des enchères, Rembrandt ne peut voir passer le *Castiglione* de Raphaël, sans en prendre un croquis à la volée et le reproduire, coup sur coup, dans une estampe et un tableau.

Et telle est la raison intime qui lui fit adopter le séjour d'Amsterdam. On cite souvent à ce propos la lettre de Descartes : « Dans cette grande ville où je suis, n'y ayant aucun homme, excepté moi, qui n'exerce la marchandise, chacun est tellement attentif à son profit, que j'y pourrais demeurer toute ma vie sans être jamais vu de personne. » On n'a pas assez vu que, pour un travailleur et un casanier de son espèce, Amsterdam, c'est le voyage en chambre et l'univers à domicile. Quels poèmes, rien que dans les odeurs et l'arôme d'une telle ville ! Chaque brise a fait le tour du globe et arrive saturée de songes. Le port est l'entrepôt du monde. Sur les quais se déchargent les trésors des Indes et des Iles. C'est le bariolage de peuples d'une continuelle exposition universelle. Cela tient du bazar, du magasin et de la féerie : les *Mille et une Nuits*, un siècle avant Galland ! Et plus précisément, Amsterdam, pour Rembrandt, c'est Venise. L'erreur qui a fait prendre, sur quelques-unes de ses estampes, un participe hollandais pour la date *Venetijs*, est une confusion pleine de vérités. En dépit de Fromentin, Rembrandt est un Vénitien d'Amsterdam, comme Rubens l'est d'Anvers. Les profondes analogies des trois grandes villes coloristes ne sont pas une question d'atmosphère ou d'hygrométrie. Leur vraie ressemblance est ailleurs. Ce sont les trois villes sœurs où l'art a fait le même rêve, les portes que l'Europe d'autrefois eut béantes sur l'Asie, le monde du soleil et du bleu sans nuages : leurs vagues et leurs sirènes leur murmurent la même éternelle orientale.

Ainsi, chaque coup de sonde donné dans cette œuvre fait paraître un Rembrandt nouveau ; et le dernier apparu serait peut-être celui qui, au lieu de s'opposer à tous les autres artistes, de procéder et de penser à l'inverse de tous les grands peintres, leur ressemblerait davantage. Il en est un peu de son génie comme de sa fameuse *Fiancée juive*, en qui on a fini par reconnaître une *Sainte Catherine*. Avec toutes ses étrangetés, encore accrues par deux cents ans de commentaires et de gloses, le Rembrandt authentique semble bien être celui des tout premiers contemporains, le Rembrandt de Huygens, d'Angel et d'Hoogstraten, en qui l'on voyait le rival, mais nullement l'adversaire ou l'antipode des grands classiques.

Et en effet, c'est bien là ce qu'il a voulu être et ce qu'il a été, cet étonnant Leydois, ce *molitoris filius*, cet homme de rien, cet ignorant qui seul de son pays, avec Baruch de Spinoza, sut s'élever à une conception générale de l'homme. Il n'y a pas d'autre explication possible d'une gloire elle-même universelle, et qu'atteignent seuls dans l'art ceux qui donnent à leurs idées une signification et une valeur universelles. Les grandes lois de la beauté sont invariables et uniformes. Telle est la puissance de l'art, que ses formes, partout les mêmes, suffisent à dégager des pensées éternelles. C'est par elles, n'en doutons pas, que Rembrandt, seul parmi les peintres de sa race, a pris sur la conscience l'empire qu'on lui voit. En dépit de tout ce qui le sépare d'un Raphaël ou d'an Titien, c'est en vertu des mêmes principes que son art participe à la même valeur humaine.

Sa vie n'est qu'un effort passionné pour se dépayser, s'arracher aux conditions de la vie et de la pensée hollandaises, s'élever au-dessus de ce peuple de philistins, vivre de l'existence supérieure des poètes. Mais il avait beau faire, lui-même était un Hollandais, avec un œil plus exigeant, des sensations plus concrètes et plus complexes, des habitudes plus positives qu'elles ne le sont ailleurs. Et puis, dans cette culture à bâtons rompus qu'il s'improvisait, quelle image se faisait-il de la beauté tant désirée ? A. travers quel prisme déformant arrive à ce demi-barbare la lumière de la Renaissance ? Shakespeare aussi, dans ses *Histoires*, croyait faire des poèmes classiques. Et pourtant, quelles différences ! Joignez à cela, chez Rembrandt, cette mobilité toujours à la merci d'une impression nouvelle, cette fièvre d'égaler tous les maîtres, cet embrassement inquiet et haletant de tous les idéals. Il a voulu être tantôt pathétique comme Rubens, tantôt vrai comme Hais, éloquent comme Raphaël, somptueux comme Titien et comme Véronèse. Mais tous avaient dans le sang de longues ascendances, une sagesse héréditaire qui manquait à celui-ci. Ils connaissaient les limites inévitables de leur art. Ils savaient faire des sacrifices. Comment ce roturier, instruit tout seul, sans tradition et sans modèles, sans goût bien éduqué, naïf, candide et génial, s'y fût-il résigné ? De là chez lui, beaucoup de prestiges de théâtre, du « bluff, » comme chez Shakespeare et Wagner, du baroque et des bizarreries, des oripeaux et du clinquant qu'il prenait pour de la splendeur. Il voulait éblouir. Il a voulu, souvent, étonner, fasciner, faire crier au miracle par quelque tour de force et quelque feu d'artifice. Et parfois, par contraste, il est plus humble que personne, et nul alors n'est plus touchant. Et quand on se représente ce fils de meunier, malappris, sans public éclairé, presque sans occasion pour les chefs-d'œuvre qu'il rêvait, on comprend ce que dut être chez cet homme fou de peinture, fou de dessin, fou de beauté, la profondeur du génie pour parvenir à un idéal classique de la vie, retrouver quelques-unes des lois immuables de l'art, et y ajouter encore le mystère de son âme. Et d'avoir ainsi essayé de tout dire, d'avoir conçu le rêve héroïque de la *Ronde* et le rêve voluptueux des *Bethsabées* ou des *Suzannes* ; d'avoir créé ensuite les *Pèlerins d'Emmaüs* et le *Bon Samaritain*, et su « peindre l'Evangile comme il semble que Jésus l'a vécu ; » d'avoir, dans de telles conditions, voulu comprendre tout, résumer tout, exprimer tout ; de n'y avoir peut-être pas toujours réussi, mais de n'y avoir jamais renoncé, et, de l'écart même qui subsiste entre l'œuvre accomplie et le rêve, — c'est peut-être ce qui fait de Rembrandt celui de tous les artistes qui nous donne matériellement, et dans tous les sens, y compris celui d'inachèvement, — la sensation la plus précise de l'aspiration à l'infini.

ISBN : 978-1981446797